近代日本の社会と交通

10

鉄道建設と地方政治

松下孝昭

日本経済評論社

はじめに

私が子どもの頃に使っていた地図帳には、国鉄予定線なるものが引かれていた。黒と白の縞の線で示された国鉄既成線のほかに、白い線が地図上のあちこちに走っていた。当時すでに国鉄が経営危機に瀕していたことなどつゆ知らず、これらの予定線がすべて完成すれば、さらに移動が便利になり、産業が盛んになっていくと無邪気にながめていたものである。日本が高度経済成長にさしかかっていた頃のことであった。

自分だったらここにも敷設するのにと思いながら、適当に地図上に線を引いたりして遊んでいたのであるが、今思えば、あれらの予定線は、鉄道敷設法という法律によって規定されたものであった。政治家や官僚が、法律をもとに予定線を引いていたのである。その背後には、地域の活性化を願って鉄道誘致を熱心に要望し続けてきた各地の運動があった。子どもが適当に線を引いてよいものではなかったのである。

鉄道敷設法は、一八九二（明治二五）年六月に公布された。大日本帝国憲法が発布され、日本にも議会制度が導入されてから、わずか三回目の帝国議会において、この法律は成立した。その後、一九二二（大正一一）年四月に全文改正されたものが、戦後まで存続し、国鉄線を新設する根拠法として生き続けたのである。

日本の鉄道の歴史は、明治政府が一八七二（明治五）年に、新橋～横浜間に官設鉄道を敷設したのに始まる。しかし、明治期日本の乏しい財力では、地方から求められる路線をすべて国が敷設するのには限界があり、日本鉄道・山陽鉄道・九州鉄道など、かなりの幹線区間を私鉄会社に委ねざるをえなかった。

このように官設鉄道と多数の私鉄会社とが分立している状況を一挙に解消したのが、一九〇六（明治三九）年三月に公布された鉄道国有法である。これによって、全国の幹線とその支線的路線の多くは国有鉄道となり、私鉄は大都市とその周辺における局地的輸送を担当するという役割分担が確立した。

こうして、鉄道敷設法とその後の鉄道国有法で確立した日本の鉄道のありかたは、日本国有鉄道法制定によって一九四九（昭和二四）年に国鉄が公共企業体に移行するという変化はあったものの、八〇年間にわたって維持されていく。

しかし、激変はにわかにやってきた。一九八七（昭和六二）年には、国鉄が六旅客会社と一貨物会社に分割され、民営化された。それとともに、すでに実質的には役割を終えていた鉄道敷設法も廃止されるに至った。

このような変転を経たあとの現在の地点に立ってみると、国鉄というものは、過去の一時期に存在していた歴史的産物ということになろう。そして、鉄道敷設法にもとづく官設鉄道の拡張や、それと同じ時期における幹線的私設鉄道の進展の過程を、地方社会からの要望や中央での政策決定過程をふまえつつ描き出していくことは、歴史家の手に委ねられた課題ということになるのかもしれない。

そうした意味では、かつて大島藤太郎氏や島恭彦氏らが、今では鉄道史研究の古典的名著となっている著作群を発表していた一九五〇年前後の時期とは一線を画すると言える。彼らは、眼前に横たわる巨大組織国鉄のさまざまな病弊に直面し、民主的経営を希求するという現実的課題意識に強くかりたてられて、鉄道史の研究に取り組んだのであった。

しかし、こう述べたからといって、懐古的あるいは好事家的関心から明治期以降の鉄道問題にアプローチすればよいというわけではない。国鉄が残した膨大な累積債務は、清算のめどがたたないまま将来の世代へのつけとして持ち越されるわけであるし、赤字ローカル線の存廃をめぐる問題もあちこちで生じていることは周知のとおりである。そうした諸問題の根源を問い直す作業は、現代の歴史家に委ねられた重い現実的課題である。

そして何よりも、明治期以降の地方鉄道網の形成過程を透視する中から、現代に直結する政治的問題も浮きぼりになってくると考える。公共土木事業の散布を媒介とした利益誘導型政治という、日本の政治風土にどっぷり根をおろした体質の源流が、この時期に見出されるのである。

もちろん、現在では、在来線の新設が求められることは少ない。高度経済成長期以降の流通機構や交通体系の変容を受けて、地方が求める交通インフラは、新幹線や高速道路や空港などに変わってきている。しかし、これらの公共事業の予算獲得をめざして、とりわけ予算編成期になると、各地からの陳情団が永田町や霞ヶ関におしかけ、政治家がその実現のために奔走するという光景は、この国では、実は議会開設とともに始まっていたのである。

以上のような観点から、本書では、一八九〇（明治二三）年の帝国議会開設前後の時期から叙述を始め、官設鉄道あるいは私鉄会社線として地方鉄道網が拡張していく過程を、主として地方社会の動向や地方政治家の活動に視点をすえ、描き出していくことにしたい。経済構造や産業基盤と鉄道網形成とのかかわりといった経済史的視点からは、比較的多くの研究が積み重ねられ、また本シリーズにおいても他巻で取り上げられるのに対し、地方からの要求を受けた中央政界での鉄道政策が、いついかなる契機で各地に鉄道網を生み出していったのかという政治史的視点からの研究は、今なお少ないように思われるだけに、そうした視点を貫いた論著には、一定の意義があるものと考える。

ところで、私は昨年、やはり帝国議会開設から一九二二年の鉄道敷設法全面改正までの期間における鉄道政策の展開を対象とした『近代日本の鉄道政策』と題する著書を、日本経済評論社から刊行した。以下、これを前著と呼ぶことにする。この前著は、徹底して中央での政策決定過程に焦点をしぼったため、その背後に存する地方社会の動向については、別の著書に譲ると述べておいた。その著書というのが、今回上梓する本書『鉄道建設と地方政治』である。

したがって、本書においては、地方社会におけるさまざまな動きを、できるだけ具体的に描き出すことに努めた。

逆に、行論の必要上、中央の政治過程に触れる必要がある場合でも、前著で述べたことは割愛するか、もしくは概略を記すにとどめている。このように、前著と本書とは、中央と地方という守備範囲のもとに補完しあうものとして書かれているので、相互に参照していただきたいと願っている。

他方、次のような差異もある。前著は、史料をもとにした論証を重視する専門書の体裁をとった。今回も、史料に裏づけられた立論に徹していることには、なんら変わりはないが、叙述にあたっては、なるべく平易になるように心がけた。これは、専門家以外の多くの方々にも、本書を読んでいただきたいと願ったからにほかならない。

したがって、史料の直接引用はなるべく少なくとどめた。とりわけ、候《そうろう》文で書かれた昔の手紙などは、近代政治史研究の上では不可欠の史料であるものの、今の読者には難解で煩わしいばかりだと思われるので、現代語に意訳したり大意を記すだけにとどめたりした場合が多い。史料引用を示すカギ括弧は、そうした加工をした箇所にはつけず、史料を直接のせた場合にのみ用いた。また、旧字体を新字体に、カタカナをひらがなに置きかえたり、適宜句読点をつけたりするなどの処置をした。出典の注記も、必要最小限に簡略化するよう努めた。このほか、地図を多くのせたり、各章末にコラムを置くなどの工夫をほどこした。

地方鉄道網の形成を対象とする本書は、実に多くの府県史・市町村史・議会史などの地方史誌類に依拠しているが、そうした文献を収集する過程で、各地で地道に地域研究に取り組まれている方々のお仕事に接し、吸収することができた。かならずしも専門の歴史研究者ではないそうした方々にも、本書の成果を還元したいと願ってやまない。

以下、あらかじめ本書の構成を述べておく。

第1章から第4章は、鉄道敷設法公布前後の時期における地方の状況を具体的に描き出すという課題意識のもとに、一連のものとして構成されている。そこでは、鉄道敷設法成立の前提となる地方社会の動向や、地方からの鉄道要求が帝国議会を通して政治過程に投入される経緯、さらには鉄道敷設法公布が地方にもたらした波紋などが検証される。

議会開設から日清戦争までのわずか数年間を対象とするこの四つの章に、本書の過半のページが割かれているのは、利益誘導型政治の源流がこの時期に見出されると考え、その具体相を描きたいという意図が強くあらわれた結果である。

続く第5章には、時期は前後するが、軍部が地方の鉄道経路の選定に強く介入したとされる一般的イメージを再検討する内容の章をはさみ込んでいる。間奏曲のようなものとして、この章だけを抜き出して吟味していただいても結構である。

そして第6章は、地方社会の動向に視点をすえるという第4章までの視座を引き継ぎながら、日清戦争後から日露戦争までの約一〇年間を対象とする。この時期には、一時的な好景気のもとで私鉄熱を迎えるものの、恐慌の到来によってブームが冷却すると、今度は鉄道国有化と官設鉄道の拡張を求める政治的運動が再度高まるという変転を見せる。

最後に第7章は、日露戦後の鉄道国有化の断行から大正期までを対象とする。ここでは、軽便鉄道法公布による一時的な私鉄熱も見られる。しかし、鉄道敷設法にもとづく建設が進むかたわら、国鉄軽便線の比重が高まるなどして、公共事業を媒介とした政党による党勢拡張が進展していく時期である。

なお、日清戦前期の叙述に多くのページ数を割いた結果、利益誘導型政治の本格的な開花を告げる大正期については、駆け足で若干の事例を点描するだけにとどめざるをえなかった。いつか機会があれば、この時期以降の状況についても、多くの地域の調査をふまえて、再度考察を加えてみたいと考えている。

目次

第１章　鉄道誘致運動のめばえ

第一節　帝国議会の開設と鉄道

一　東海道線と信越線

官設鉄道の東海道線は、最後まで残されていた琵琶湖東岸の区間も完成し、一八八九（明治二二）年七月一日には新橋～神戸間三七六マイル三一チェーン（六〇五・七km）が全通した。

鉄道は、人や貨物の移動時間を短縮させ、空間を縮める効果をもたらす。それだけに、経済的・文化的統合のみならず、中央集権的な国家のもとに政治的統合をもおし進め、日本を国民国家に作りかえていこうとする上で不可欠な装置であることは、明治新政府の開明派の間では早くから認識されていた。

政府内では、一八六九（明治二）年に東京への遷都を果たした時点から、東京と京都との間に鉄道を建設すべきであるとの意見がみられた(1)。旧来の首都京都（西京）と新しい首都（東京）を結び、天皇や政府高官の往来の便宜を整えることで、政治的統合の一助としようとする構想である。それから約二〇年を経て、ようやく東西両京間が鉄路で結ばれたのである。

この東海道線の建設工事は、一八九〇（明治二三）年に予定されている帝国議会の開設にあわせて、急ピッチで進められたものである。当初は旧中山道を経由して東西両京を結ぶ計画であったものが、一八八六（明治一九）年七月に東海道経由へと変更された。その後、全通に至るまでの経緯について、井上勝は、「帝国鉄道の創業」と題する回顧談の中で、次のように述べている(2)。

「斯《か》くて成功期限は伊藤総理大臣とも協議する所ありて、宜《よろ》しく廿三年の国会開幕前に全通せしめ、議員の往復に便せしむべしと決し、一意不乱に指揮監督せしが、案外竣功迅速にして、二十二年中に全線開通し、予定の通り第一議会より議員を載せて走ることを得たりしは至幸なりし。」

東海道線完成の照準が、このように帝国議会開設に合わされていたことは、鉄道が、経済的輸送機関や文明開化のための手段としてのみならず、政治的統合をも実現する装置として認識されていたことを象徴するものであると言えよう。

東海道線を完成させたのち、井上勝が率いる鉄道当局が次に取り組んだのは、信越線の全通という課題であった。次にこの点について述べていく（図１－１参照）。

かつて中山道鉄道が現実の計画として政府部内にあった時期に、本州内陸部の建設現場へ資材を運び入れるための導線として、新潟県の直江津港と長野県の上田とを結ぶ路線の建設に先行着手することが決められていた。

図１－１　信越線関係図

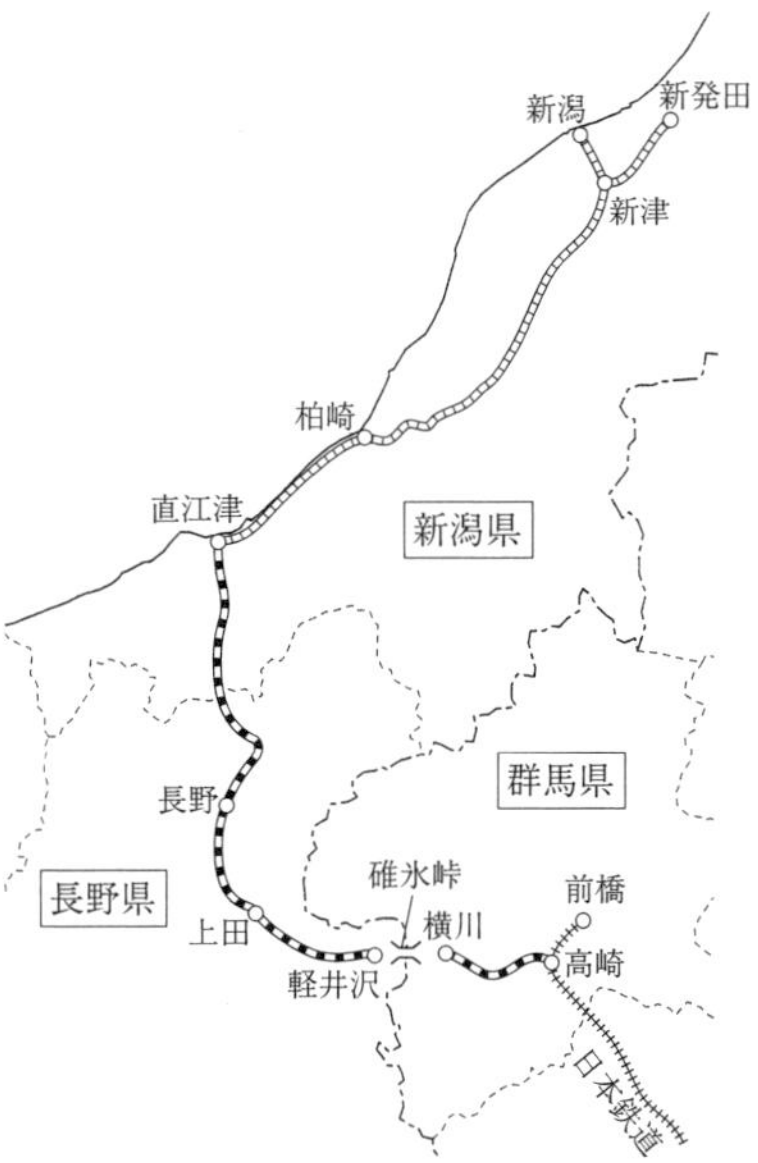

その後、中山道鉄道計画が放棄されてからも、この信越線は、本州中心部を横断する幹線としての位置づけが与えられつつ、建設が続行される。東京（上野）から群馬県の高崎までの区間（現・ＪＲ高崎線）は、すでに一八八四（明治一七）年五月に日本鉄道会社が開通させていたから、直江津から長野県内を経て高崎までの区間を官設鉄道として完成させれば、東京と日本海側とを結びつける動脈が姿を現すことになるからである。

こうして直江津側から建設工事に着手された信越線は、一八八八（明治二一）年一二月には長野県の軽井沢まで開通していた。また、高崎から同じ群馬県内の横川までの区間も、一八八五（明治一八）年一〇月に開業していたから、残された区間はわずかに横川～軽井沢間のみとなっていたのである。この区間には、急峻をもって知られた碓氷《うすい》峠が立ちはだかっていたため、距離としては七マイル（一一・三km）程度にすぎないのであるが、技術的問題もあって、最後まで着手されずに残されていた。

井上勝鉄道局長官は、この区間を開通させ、あわせて直江津から日本海沿いに東進して新潟まで線路を延長す

写真1-1　碓氷峠のアプト式線路

急な坂を登るため，線路の中央に歯のついた棒を設置し，機関車に取り付けた歯車とかみ合わせて進ませる方式が採用された。
出所：『日本鉄道紀要』。

る計画を立てた。そのため、一八九〇（明治二三）年二月一四日に、今後三年間にわたって合計五〇〇万円の支出を山県有朋首相に願い出た。(3)新潟は、幕末の開港場の一つにも指定された日本海側の要港であり、近くに歩兵第一六連隊が置かれて軍都としての性格を持ちはじめる新発田《しばた》も位置することから、この地域までの信越線の延伸を企図したのである。

しかし、この提議は政府に受け入れられなかった。そこで、同年三月一一日に井上は再度書類を提出し、とりあえず急を要する横川～軽井沢間建設費二〇〇万円の支出を願い出た。これに対し、同月一九日付けで山県首相から回答があった。(4)その中では、横川～軽井沢間については、一八九〇年度に五〇〇万円の支出を認めるが、残り一五〇〇万円は一八九一（明治二四）年度以降に支出すると述べられていた。また、直江津～新発田間の新設についても「本年帝国議会の協賛を求」めて一八九一年度以降に支出するので、それに必要な設計書や予算書を早急に提出するよう求めていた。

以上のやりとりから理解できるように、政府内部の審議だけで予算の確定ができたのは一八九〇年度が最後であり、前年に公布されていた大日本帝国憲法が定めるとおり、一八九一年度以降の予算は、衆議院と貴族院から構成される帝国議会で審議を受け、協賛されないかぎり成立しないのであった。同様に、法律を制定するのもまた、帝国議会での審議と可決が必要となってくるのである。

井上勝が急ピッチで完成させた鉄道を利用して続々と上京してきた代議士たちは、今後の鉄道関係の法律や予算の審議にあたって、どのようにふるまうのであろうか。続けて、第一議会における鉄道問題について、見ていくことにしよう。

二　帝国議会始まる

一八九〇年一一月二五日に召集された第一議会では、本案と追加案をあわせて総額八三三二万円余の一八九一年度予算案が山県内閣によって提出された。このうち鉄道建設費は、井上の求めていたとおり横川～軽井沢間一五〇万円（ただし、一八九一年度一〇〇万円、一八九二年度五〇万円）が盛り込まれたほか、直江津以東の線路の新設については、とりあえず直江津～柏崎間に区間を短縮して一〇〇万円が計上されていた。単年度でいえば、一八九一年度の鉄道建設は、合計二〇〇万円の事業規模となるはずであった。

ところが、よく知られるとおり、この第一議会は、自由民権運動の流れをくむ民党（自由党・改進党など）が衆議院の過半数を占め、政府の財政支出を削減することで減税（地租軽減）を図ろうとし、予算案の査定をめぐる激しい攻防がくり広げられた。その結果、政府予算案から六五〇万円を削減することで妥結し、どうにか一八九一年度予算は成立した。予算総額の削減率は七・八％程度であるが、この攻防の中で、鉄道建設費は直江津～柏崎間一〇〇万円がすべて削除されてしまった。建設事業の規模でいえば、半減という打撃を受けたのである。予算の審議権を握る帝国議会が、井上勝率いる鉄道当局の事業の前途を大きく左右する存在となることが、こうして早くも明らかとなったのである。

しかし一方では、この第一議会に次のような動きが起きていたことにも注目しておかなければならない。会期中の一八九一年二月一九日に、山形県選出の衆議院議員佐藤里治《さとじ》が一六七名の賛成者を得て、今後の鉄道網拡張の方針を確定するための調査を政府に求める建議案を衆議院に提出していたことである。

衆議院議員の総数が三〇〇名であるから、賛成者数一六七名というのは、過半数を占めることになる。その所

写真1－2　井上勝（1843～1910年）

出所：『日本鉄道史』上篇。

属会派も多岐にわたっている。政府の積極的な鉄道事業展開を求める議員は、案外多数いたのである。

三　停滞する私鉄計画

第一議会終了後の一八九一年四月、井上勝鉄道庁長官が内務大臣に対し、今後の鉄道敷設路線や着工順序の調査のため、三年間に六万円の調査費の支出を求める意見書を提出した[5]。その意見書には、衆議院で過半数の者が鉄道拡張方針の調査を求める建議案に賛成していたことが強調されており、第一議会における動きを追い風にして、井上が新たな事業展開を図ろうとしていたことがわかる。

なお、鉄道局は一八九〇年九月六日に鉄道庁と改められ、それまでの内閣直属から内務省所轄へと移管されていた。したがって、井上の意見書も内務大臣宛てに提出されるわけである。内務省所管の状態は、のちの一八九二年七月二一日に鉄道庁が逓信省へ移管されるまで続く。

ところで、この四月の意見書においては、私鉄会社に認可してあった路線の建設があちこちで停滞している現状を非難し、鉄道拡張という大事業は私鉄には期待できず、政府みずからが乗り出さなければならないと強調していることにも注目される。ここで具体的に名ざしされていた私鉄会社は、次のとおりである。

①仮免許状を得て線路実測を許可されたが、まだ測量を終えていないもの……北陸鉄道・山形鉄道

②本免許状の交付を受けて歳月が経過するにもかかわらず、まだ起工していないもの……甲信鉄道・総武鉄道

③一部はすでに開業しているが、残工事を中止しようとしているもの……山陽鉄道・九州鉄道

ここに見られる官設鉄道拡張への意欲と私鉄会社の現状に対する批判的認識は、井上勝が同年七月に作成した有名な「鉄道政略に関する議」へと継承されていくものである。そこで、この井上の政略について述べる前に、右の四月の意見書において名ざしで指摘された六つの私鉄会社の沿線では、実際にどのような状態にあったのかを、順次見ておく必要があろう。論旨の展開の便宜上から、総武鉄道・山形鉄道・北陸鉄道・甲信鉄道・九州鉄道・山陽鉄道の順とし、節を改めて見ていくこととする。

なお、以下でもしばしば記す一八九〇年恐慌とは、一八八六年以降の紡績業や鉄道業を中心とした旺盛な企業勃興の反動として起きた日本最初の資本主義恐慌のことである。それら企業への資本金払込みの集中などが要因となって、一八八九年夏以降に金融が逼迫《ひっぱく》しはじめ、株価の暴落や新設会社の破綻などがあいつぎ、翌年には恐慌状態を呈するに至ったものである。

第二節　鉄道実現をめざす地域社会

一　総武鉄道と千葉県

現在のJR総武本線の前身である総武鉄道会社の創設については、塚本庸『総武鉄道物語』（成東町、改訂版一九九九年）が、千葉県の発起人の労苦をいきいきと描き出し、関係史料の掲載も適切になされていて、たいへん示唆に富む。以下、本項は、主として同書に依拠している。

千葉県における鉄道創始運動は、武射《むしゃ》郡成東《なるとう》町（現・山武《さんぶ》郡成東町）の地主で、戸長《こちょう》（町村長にあたる）でもあった安井理民《はるたみ》らが、一八八七（明治二〇）年一一月に東京～銚子間に鉄道を敷設するため、総州鉄道会社の創立を出願したことに始まる。同じ月には、香取《かとり》郡佐原町（現・佐原市）の伊能権之丞らが、東京～佐原間の敷設を目的とする武総鉄道会社の設立を出願している。しかし、利根川水運と競合することなどを理由として、翌年一月にはどちらも却下された。

そこで安井らは、二つの構想を一本化して再申請するために奔走する。その結果、一八八九（明治二二）年一月には、新たに総武鉄道会社の発起人総会を開くまでにこぎつけ、二月一八日に創立願書を提出している。今回の総武鉄道会社は、資本金一二〇万円で、東京府下の本所（現・錦糸町）から千葉・佐倉を経て八街《やちまた》に至る三九マイル（六二・八㎞）の敷設を計画していた。

この願書においては、日本鉄道会社線（現・東北本線、高崎線）が開通したことによって北関東や東北地方が東京と結ばれ、一〇〇里離れていても一日で移動できるのに対し、千葉県は東京と近接するにもかかわらず、鉄道の便宜が開かれていないために、殖産上の損失がはなはだ大きいことが力説されていた。さらに、沿線には佐倉の兵営所など軍事施設が多く点在していることも述べているが、自線の認可を少しでも有利にするために、軍事上の便宜を併記して強調することは、この種の申請書にはごく一般的に見られる特徴である。

今回の申請に対し、政府は、同年四月一八日に本所～八街間建設の仮免状を下付した。本免許状も下付され、総武鉄道会社が設立されたのは、年末の一二月二六日のことであった。

ところが、同年中には一二〇万円の資本金に対して二〇〇万円の申し込みがあると言われたほどの好調な市況は、翌一八九〇年の恐慌の到来によって一変し、株価は下落の一途をたどることとなった。常議員に就任していた安井理民は、資産を使い果たした上に病魔に冒されて辞任したほか、他の役員らも私財を投げうって株を売って歩かねばならないといった悲惨な境遇に陥った者が多く出た。

以上のように総武鉄道は、本免許状を受けたにもかかわらず、恐慌のあおりを受けて、事業の進行が頓挫していたのであり、一八九一年四月の井上勝の意見書で名ざしされていたような状況は、たしかに存していたのである。とはいえ、同社では、一八九二年一二月二六日であった竣工年限をさらに一年半延長してもらうよう申請し、あくまでも私鉄での開業をめざして尽力を続けていくことになる。

窮状の打開策として、経営手腕を見込まれて新たに社長として招かれることとなったのが、坂本則美《のりよし》という人物である。坂本は高知県の出身で、同県の県会議員を務めていた際、県令の北垣国道《くにみち》の知遇を受けるようになった。そして、北垣が京都府知事に転任したのち、その招きで京都府疏水事務所理事に就任し、京都市参事会員にもなるなど、京都市政史上に名を残す人物である。

坂本の社長就任は、一八九二年一一月二〇日の臨時総会において決定される。こうして新体制で再出発することとなった総武鉄道会社は、その間にも、千葉県内の株主の多くが株式を手放し、それが東京の投資家に集中するという傾向を示していた。

そしてようやく、一八九四（明治二七）年七月二〇日には市川～佐倉間が開業し、千葉県内に初めて鉄道が姿を現した。ついで同年一二月九日には、本所～市川間も開通させて、さしあたっての目標であった本所～佐倉間三一マイル四〇チェーン（五〇・七km）を完成させたのである。会社創立までに尽力してきた安井理民は、こうした晴れの姿を見ることなく、同年二月に永眠していたという。

以上見てきたように、総武鉄道開業に至るまでには、近代的輸送機関としての鉄道の有無が地域の殖産興業上に大きくかかわることを、日本鉄道開通地域との比較の中から痛感することになった千葉県有志者による、鉄道時代に乗り遅れまいとする熱い思いがあった。そして、県外資本と経営者への依存を深める一方で、千葉県関係者の離脱という現象が進行したものの、ともあれ私鉄事業による完遂を果たしていたのである。

とはいえ、これは例外的なケースと言わざるをえない。なぜならば、井上勝が私鉄計画頓挫の例としてあげていた六つの会社のうち、残る五つの会社予定線沿線では、私鉄計画を破棄し、官設鉄道誘致へと運動の方向を改めようとする動きが共通して見て取れるからである。以下、そうした事例に目を移していくことにしよう。

二 山形鉄道の状況

山形県では、日本鉄道会社による上野～青森間の建設工事が北進してくるのにあわせて、鉄道敷設へ向けた動きが始まる。[6]

日本鉄道会社は、一八八一（明治一四）年一一月に政府から特許条約書の交付を受けて成立した会社で、翌年九月から建設工事に着手していた。福島県の白河まで開通し、第二区線が全通するのは一八八七年七月のことであるが、それより前の一八八六年五月には、第三区線（白河～仙台間）の測量が始まっていた。

　こうして隣接する福島県や宮城県にも鉄道開通が現実のものとなってくるのを眼前にして、ルートから外れた山形県では、一八八五（明治一八）年頃から自県へも鉄道を敷設しようとする動きが生じてくる。

　そのさきがけは、同年一月一九日に鳥海《とりうみ》時雨郎《じうろう》・重野《しげの》謙次郎・佐藤里治・駒林広運《ひろゆき》ら一〇名の県会議員有志が、折田平内県令（のち県知事）宛てに「鉄道事件に付《つき》願」（山形県立図書館蔵『鉄道計画之沿革』に収録）を提出したことである。この文書は、仙台と山形とを結ぶ鉄道の建設を日本鉄道会社に持ちかけて完成させ、将来的には秋田を経由して青森に達する路線をも実現させたいとする要望書である。

　ついで同年一〇月には、宮島家久・駒林広運・重野謙次郎の三名の県会議員を総代とする請願書が出されてきた。内容は、福島県下で分岐したのち、山形を経て酒田に達する約七八マイル（一二五・五km）の区間に、資本金約三八〇万円で会社を創立して私鉄線を敷設し、日本鉄道会社の支線として同社の管理下に属させたいとするものである。

　この私鉄計画の立案には、県庁以下の行政機関が積極的に関与していたことに注意しておきたい。前掲『鉄道計画之沿革』によれば、県庁に鉄道取調中央部が、また各郡にはその支部が設けられ、県官吏や県会議員その他資産家らが委員に任じられていた。そして、各町村の経済力などの調査結果を戸長役場から郡役所に上申させ、各郡役所でそれを取りまとめて県庁に報告するといった形で見積りが組み立てられていく。まさしく「官民心を協《かな》へ、汲々尽力」したと語られるとおりの状況だったのである。

　この時点での計画は、結局のところ立ち消えに終ったが、続いて一八八六年頃からの全国的な企業勃興の風潮に乗って、山形県では再び一八八七（明治二〇）年に私鉄起業計画が登場してくる。当時は、「二十年三月に至り、世上の風潮一変し、鉄道布設の計画各地に興り、気運為めに盛んなり、此機会に乗じ」(7)たと述べられているような起業熱が、全国にみなぎっていたのである。こうして同年五月四日に、山形鉄道会社創立請願書が提出されてくる。

今回の計画は、宮城県の白石で日本鉄道会社線から分岐し、山形県下の高畠《たかはた》・赤湯・山形を経て大石田《おおいしだ》までの区間を、資本金二〇〇万円で建設することをめざしていた。日本海側の良港酒田まで結ぼうとしていた前回の計画より短縮されているのは、とりあえず大石田まで鉄道が通じれば、そこからは最上川の舟運を利用して酒田港までの物資輸送は容易だったからである。この計画で着目されるのは、発起人五名のうち、山形県人は佐藤里治と重野謙次郎の二名だけで、残り三名は東京在住者だったことである。前回の計画が各郡への出資割り当て方式をともなった県内中心の運動であったのに対し、全国的な起業ブームの中で発起されてきた今回の計画は、中央の民間資本の導入が図られていたことが特徴である。

この山形鉄道会社は、一八八七年五月一八日には仮免許を得ていたにもかかわらず、その後、本免許を得るには至らないまま、結局一八九一年頃には挫折してしまう。その主な要因は、ここでも一八九〇年恐慌の到来による資金の募集難という経済上の問題であったが、いま一つには、技術面での問題もかかえていたことに注意する必要がある。

同社では工事や運輸に関する技術面は、両毛《りょうもう》鉄道や水戸鉄道の場合に準じて、日本鉄道会社に委託する方針をとっていた。そこで日本鉄道会社では、鉄道局に対して適当な技師を出向させてくれるよう求めたが、当時は鉄道工事が随所で起こされていて非常に多事であり、手すきの技師がいないとの回答があった。こうして工事着手が遅れている中で、一八八八年五月には、同県米沢出身の鉄道局技師で洋行帰りの屋代伝を担当技師とし、測量に着手させることになった。しかし、まもなく屋代は病死し、再び鉄道局に対して技師の派遣を願わざるをえない状況に陥っていたのである。

以上の例からは、企業勃興期に各地に設立された私鉄会社にとって、起業資金もさることながら、測量や工事にあたっての技術者の確保がきわめて困難であったことが読みとれるであろう。

このように、井上勝が一八九一年四月の意見書で批判していたとおり、山形鉄道計画は実現の展望が開けないまま頓挫していくのである。したがって、同年七月の「鉄道政略に関する議」において奥羽線が官設予定線にあげられていることが伝わると、山形県では私鉄計画を放棄し、もっぱら官鉄誘致にエネルギーを傾けていくことになる。

一八九一年一二月三日に重野謙次郎県会議長が内務大臣宛てに提出した「鉄道敷設の儀に付建議」(8)は、そうした運動の変転ぶりをよく物語っている。

この建議は、鉄道は独占事業であるために国有を原則とすべきであったにもかかわらず、山形鉄道を私設として計画してきたことはこの原則にそむき、大きな誤りであったと反省してみせる。そして、今後は国家の事業として山形への官設鉄道を急設してくれるよう求めていた。また、一地方の利益のために国家の資金を投じさせることには多少のうしろめたさもあったものと思われ、その点を論理的に解消するために、山形県人が負担する国税額は他地域と差異がないにもかかわらず、いまだに官設鉄道の恩恵にあずかっていないという地域間での不均等が強調されていた。国家資金の地方への投下にあたっては、各地方間の均霑《きんてん》を図るべきであるとする、それ以後の、そして現代に至るまでの地方利益要求の根底に流れる論理が、すでにここに見ることができる。

ところで、これまでの叙述でたびたび登場していたとおり、一八八五年以降の山形県における鉄道実現運動にあたって、たえず中心的な役割を果たしてきたのが、県会議員の佐藤里治と重野謙次郎であった。彼らは、自由民権運動以来の経歴を有する政治家である。

まず佐藤里治は、西村山郡海味《かいしゅう》村（現・西川町）の豪農で、県下の産業振興と国会開設を目的として、一八八一（明治一四）年に民権結社の特振社が設立されると、その社長となっていた人物である。一八七九年の県会開設とともに県会議員に選出されて以降、連続当選を果たした

写真1-3　佐藤里治（1850～1913年）

出所：『実業人傑伝』。

している。山形県の初代県令は強権的な道路行政を行ったことで知られる三島通庸《みちつね》であるが、県会議員時代の佐藤は、果敢に三島県政への批判を展開し、抵抗運動に尽力していた。その後一八八七年には、県会議長に就任している。

一方、重野は天童の士族で、一八八一年には、同じく民権結社ではあるが、特振社よりも急進的な東英社を結成している。やはり県会議員を務め、一八九一年時点では県会議長の要職にあった。佐藤が改進党系であるのに対し、重野は自由党系であり、のちに中央政界に進出してからも、自由党員として政治的位置を固めていく人物である。

そうした差異はあるものの、一八八五年以降山形県内で鉄道敷設要求が高まってくるにつれて、佐藤・重野は政派の違いをこえ、さらには県令をはじめとする行政機構とも連携して官民一丸となり、県下の産業振興をめざして鉄道実現運動を一貫して進めていたのである。

そして、一八九〇年七月の第一回衆議院議員総選挙では、佐藤里治は山形県第一区から出馬して当選し（重野は落選）、国政上の舞台に飛び出していった。その佐藤こそが、第一議会における鉄道拡張に関する建議案の提出者として、中央政界でのデビューを果たしていたわけである（→5頁）。彼は、これ以降も鉄道問題に熱心な議員として、衆議院内で活動を続けることになる。

三　北陸鉄道と福井県

福井・石川・富山の北陸三県では、一八八一（明治一四）年頃に旧藩主らを中心とした東北鉄道会社計画があったが、これが消滅したのち、やはり全国的な企業勃興の波にのって、一八八八（明治二一）年に再び鉄道計画がもちあがってくる。すでに滋賀県の長浜から福井県南部の敦賀までは一八八四年四月に官設鉄道が開通していたので、それを延伸して北陸三県を貫通する鉄道への期待が、こうしてめばえていたのである。

このうち福井県においては、[9]一八八八年五月一八日に石黒務知事を会頭として北陸鉄道協議会が開かれ、本部泰書記官や関係郡長・有志者らが出席して、敦賀〜富山間の私鉄計画が協議されていた。ついで五月二四日には、金沢において北陸三県連合発起委員会が開催され、富山県一七名、石川県一八名、福井県二二名、計五七名の発起人が出席した。こうした過程をへて、六月三〇日には北陸鉄道会社の創立願書が提出されてくるのである。

ここでも山形県の場合と同様に、地方行政官の主導的な役割が目立つ。発起人は主として沿線の資産家や名望家が名を連ねているのであるが、出願に至るまでの過程においては、知事・書記官らの県官吏が協議会の中心となり、郡長も自郡の資産家や名望家に趣旨を説明して発起人となることを促すといった活動をしていたのである。

当初の北陸鉄道計画は、富山と福井県武生《たけふ》の間を本線とし、本線から分岐して富山県伏木《ふしき》を結ぶ支線を建設するものであり、路線延長は合計約一一九マイル（一九一・五km）、資本金は四〇〇万円と予定されていた。武生と敦賀の間には険しい木芽峠《きのめ》があり、難工事が予想されるため、敦賀において既設の官設鉄道と連絡を図ることは見送られていた。

したがって、井上勝鉄道局長官は、申請の計画どおりだと孤立した路線となってしまうことなどを理由として、仮免許の下付には難色を示した。井上は、あくまでも北陸線を全国的幹線網に位置づけるべきだと考えていたのである。

そこで一八八九（明治二二）年一二月二日には、北陸鉄道会社創立発起人総代三名が、敦賀〜富山間を一括測量する旨の追願を出し、これを受けてようやく同年一二月九日に仮免許が下付された。

この時の総代三名のうち、福井県の代表者は林藤五郎という人物であった。林は、福井市在住の士族で、一八八一年の県会開設時には県会議員に当選したこともある。そして、これ以後も一貫して福井県の鉄道敷設運動に尽力していくことになる。

しかし、こののちは発起人の間で紛議が続き、会社設立に向けた準備は遅れ続けた。ようやく体制が整えられたのは一八九一（明治二四）年五月であるが、この頃になると、前年からの恐慌の影響によって資金募集の見込みが立たないという悪条件が重なってくる。

こうした状況の中で、一八九一年八月に新任の県知事として牧野伸顕《のぶあき》が着任する。牧野は維新の功労者大久保利通の次男で、それ以前に兵庫県書記官を務めていた際、山陽鉄道会社を創立するのに尽力した経歴をもつ人物である。しかし、以上のような福井県の状況を見て、私設での実現は断念させ、官設鉄道の誘致運動を進めるよう方針転換を促す。その模様が牧野の回顧録にも述べられている。[10] 少し長いが、文庫本になっていることでもあり、そのまま引用しておく。

「私としては初めて裏日本に入ったのだが、山陽、東海道辺と比較すると何となく陽気に乏しいようで、また交通で不便であることも直ちに実験〔見力〕した。任地に落着いてから、地方の有志者たちの発起で北陸鉄道会社の設立を計画中であることが解ったが、これは敦賀を起点として福井を経て金沢に達する予定で、ただ当時は財界の状況が甚だ悪く、未だに起業の運びに至らず、徒《いたず》らに時機の到来を待っているということだった。しかしそのように地方有志者の働きに待っていたのではいつ事業に着手出来るか解らず、それまで県民は昔ながらの山越えの不便に堪えなければならない状況なので、私は時機を見て発起人の一人である林藤五郎を招き、従来の行き掛りを棄ててむしろ鉄道を官設にすることを請願してはどうかと懇談したところが、幸いに林は同意してくれて……その後福井の市役所で開催した関係者及び地方の有力者の会合の席で、鉄道官設請願運動に変更することが得策であることを説いて同意を求めたところが、出席の人々が皆賛成してくれたので、私は一同の意向を体してその次に上京した機会に出願することを約束して閉会した。」

こうした新知事の勧誘もあり、また山田卓介県会議長らもそれ以前から官設での実現を願っていたことなどから、にわかに私鉄計画の廃棄と官鉄誘致の動きが現れて

写真１－４　杉田定一（1851〜1929年）

出所：『杉田鶉山翁』。

くることになる。北陸鉄道発起人らは創立事務所を解散し、一八九一年一〇月には免許状を返納すると同時に、今後は官鉄誘致運動を進めていくことを決議していた。一一月二三日には、山田卓介・林藤五郎らが北陸鉄道官設の請願書を内務大臣などに宛てて提出している[11]。そして、一二月には運動団体として北陸鉄道期成同盟会が結成され、常任委員には富山県から鳥山敬二郎、石川県から朝倉外茂鉄、福井県から林藤五郎が選ばれていた。

　こうして代表者らが上京し、地元選出代議士を紹介議員として帝国議会に請願書を提出するという政治活動が始まることになる。福井県から上京した山田卓介・林藤五郎・田川乙作が、同県選出衆議院議員の杉田定一《ていいち》に対し、一二月二日付けで、「小生共今般北陸鉄道官設請願之為、有志惣代として致出京《しゅっきょういたし》候に付、来る六日午後二時より芝紅葉館に於て、万事篤《とく》と御協議相願度《あいねがいたき》儀に御座候間《あいだ》、御繁務中甚だ願兼候得共《ねがいかねそうらえども》、万障御繰合《くりあわせ》、御枉駕《おうが》（＝来訪すること）被下《くだされ》候はゞ、大幸に御座候」という手紙[12]を送っていたことからも、そうした運動の一端がうかがえるであろう。

　杉田定一は、坂井郡波寄《なみよせ》村（現・福井市）の豪農の家に生まれ、地租改正反対闘争の指導者となったり南越自由党を結成したりするといった経歴をもつ自由民権運動の闘士である。一八九〇年七月の第一回衆議院議員総選挙において、福井県第二区（吉田郡・坂井郡）から選出されており、以後も多年にわたって代議士を務めることになる。その杉田が紹介議員となり、山田・林・田川らが提出した「北陸鉄道官設の請願」は、一八九一年中の鉄道関係の論説や意見書を集成した小谷松次郎編『鉄道意見全集』（『明治期鉄道史資料』第二期第二集第一九巻に復刻）にも収録されている。ここでも、私鉄計画の行きづまりという来歴が語られ、北陸線の完成は国家的課題であることが強く訴えられていた。

以上のように、一八九一年頃には北陸地方でも、たしかに井上勝によって指摘されていたような私鉄計画の頓挫という事態が現出していた。そして、井上の「鉄道政略に関する議」の中で北陸線が官設予定線に盛り込まれていたのと呼応するかのように、牧野知事の主導のもとに私鉄計画を放棄し、地元選出代議士を通して官設鉄道の速成を求める政治運動が始まっていたのである。

四　甲信鉄道の状況

一八八三（明治一六）年八月に、東西両京を結ぶ幹線鉄道として中山道を経由する鉄道の敷設が決定されると、甲州街道に沿った山梨県では、鉄道時代に取り残されるのではないかという危惧が高まってくる。その一例として、一八八四年四月に作成された「鉄道敷設創立主意書」(13)と題する文書を見てみよう。

この意見書においては、山梨県が物産に富むにもかかわらず、かねてから通行の盛んな東海道や鉄道開通が決まった中山道に比べ、物資輸送のための基盤整備が遅れることになるため、生産力の低下が招来され、近隣諸県に遅れをとってしまうのではないかという危機感が語られていた。そこで、新宿～八王子～甲府間に鉄道敷設を計画したと言う。出金申込人には、若尾逸平・八巻九万・佐竹作太郎・加賀美嘉兵衛ら、これから山梨県への鉄道実現に向けて尽力することになる政治家・資産家らが、すでに多く名を連ねていた。

他方、隣の長野県では、中山道鉄道敷設の決定は、別な波紋を投げかけていた。諏訪から名古屋に至る経路に関しては、木曽谷を経由する現在の中央本線のルート以外にも、伊那谷を通過して名古屋に達する経路も有力な選択肢であっただけに、その採否はそれぞれの地域の死活問題と認識され、激しい誘致合戦が開始されるのである。

たとえば一八八四年二月には、木曽谷に位置する西筑摩郡贄川《にえかわ》村ほか二四か村の総代が、人夫三万人を献上するという申し出を行うと、同年五月には伊那谷側の上伊

那郡人民総代が五万人の人夫献納を願い出るなど、早くもしのぎを削っていたのである。(14)

こうしてめばえた木曽谷と伊那谷との対立関係は、中山道鉄道構想が破棄されたことでいったんは霧消する。しかし、この対立は、のちの鉄道敷設法の公布と前後して、たびたび表面化してくることとなる（↓21・67頁）。

ところで、一度は鉄道への期待が喚起されながらも、その消滅という事態に直面した長野県松本地方の有力者の間では、今度は私鉄会社を設立して鉄道を実現させようとする動きが生じてくる。松本と甲府とを鉄道で結ぼうとする甲信鉄道会社がそれである。

東筑摩郡松本町（現・松本市）は、かつて筑摩県の県庁所在地であったものの、一八七六（明治九）年には筑摩県は廃止され、長野県に吸収合併されてしまった。そのことが松本の衰退を招いたとする危機意識から、分県や県庁の移転を求める激しい政治運動が起きていた。その一方、経済面での殖産興業を進めることによって松本地方を振起させようとする動きも出てくる。甲信鉄道は、そうした経済振興策を模索する中からめばえてきた構想である。

甲信鉄道会社の設立に関しては、下高井郡長を辞めて会社設立に挺身した市川量造を描いた有賀義人『信州の啓蒙家　市川量造とその周辺』（一九七六年）に詳しい叙述があるほか、『日本鉄道史』上篇や『日本国有鉄道百年史』第三巻にも若干の経緯が記されている。

それらによると、中山道鉄道計画の消滅を遺憾とした市川量造や松本の有志者らが、一八八六年一二月頃には、松本と甲府を結ぶ鉄道構想を固めるに至ったという。そして、市川らは翌年一月に上京し、松本出身で東京米商会所頭取の青木貞三や、同じく松本出身の黒川九馬らに計画を持ちかける。黒川は、大隈重信が一八八二年に設立した東京専門学校（のちの早稲田大学）の第一期入学生であった。(15)次に彼らは、大隈重信のもとに相談に行き、まもなく大隈側近の前島密《ひそか》（関西鉄道会社社長）・藤田茂吉（郵便報知新聞社員）らがこの計画に参画してくることになる。

同じ頃、山梨県有志者の間でも、官設鉄道東海道線の沿線の御殿場と甲府との間を、鉄道で結ぼうとする動きが具体化していたことから、やがて両県のグループが統合されることになる。こうして一八八七年五月二六日に、御殿場から甲府を経て松本に至る約一一八マイル（一八九・九㎞）の区間に鉄道を敷設することを目的に、四五〇万円の資本金で甲信鉄道会社を創設することが出願されるのである。

　同年七月一一日には仮免許状が下付されたので、測量に着手するとともに、一〇月一八日には甲信鉄道東京事務所で創立委員会が開かれた。委員長には前島密をおし立て、委員には岡田庄四郎・小野金六・藤田茂吉・種田誠一・佐竹作太郎・黒川九馬の六名が選ばれた。このうち、松本を代表するのは岡田と黒川である。黒川は、のちに述べる第二・第三議会期には鉄道期成同盟会の中心になるなど、甲信間の鉄道実現にとどまらない活動を続けていくことになる人物である（↓35頁）。

　こうして会社側では、図面や必要書類を添えて一八八八年九月二一日に本免許状の下付を申請した。しかし、井上勝鉄道局長官は、とりわけ御殿場〜甲府間において敷設困難な箇所が多く、収支見積りの点で妥当でないなど、計画の実現性に疑問をいだき、結局一八八九年一〇月三一日に、甲府〜松本間に限って免許状が下付された。しかし、内陸部へ建築資材を搬送する便宜を得るためには、どうしても御殿場〜甲府間も建設しておかざるをえず、会社側では再申請する構えであったが、ここでも一八九〇年恐慌の到来によって、事業の進行が停止してしまうのである。

　こうした事態を受けて関係者の間からは、開設されたばかりの帝国議会における代議士らの政治的活動に期待する声が出てくる。

　まずは、山梨県の地方政界の動きから見ていこう。第一議会開会中の一八九一（明治二四）年二月四日に薬袋《みない》義一が、山梨県第一区選出衆議院議員の八巻九万《やまきくまん》（大成会所属）に対し、およそ次のような文意の手紙を送っていた[16]。

　さて、旧冬上京中にお話の鉄道一件はいかになりましたでしょうか。この際政府も混乱していて、はかばかしくは参らないとは推考いたしますが、時機はずいぶんよろしいように田舎では考えます。山形・北陸等と申しあわせ、あらかじめお説のとおり鉄道局長とも打ち合わせ、まず本年に貴所からご提出なさってはいかがでしょう。閉会期日も切迫し、どうにもできかねるように推察はいたしますが、できるだけご尽力されてはいかがでしょうか。

この手紙だけからは詳細な前後関係は不明ではあるが、ここから読みとれる薬袋の期待は、同様に私鉄計画が停滞していた山形や北陸の代議士らと連携し、鉄道局長へも根回しの上、何らかの議案を議会に提出することであった。山形県選出の佐藤里治が、前述した鉄道拡張に関する建議案を提出してくるのが、それから約二週間後の二月一九日であった。佐藤の建議案の背景には、各地におけるこうした鉄道実現への期待感があったものと思われる。ちなみに、この建議案の賛成者一六七名中には、山梨県選出の衆議院議員（八巻九万・田辺有栄・古屋専蔵）は、すべて名を連ねていることを付記しておこう。

こうして山梨県では、たとえば同年六月時点での薬袋の言葉をそのまま引くならば、「民設・官設等の利害何《いず》れにても宜《よろ》し、先づ一日も早く甲信鉄道の効能をとき、布設の様偏《ひとえ》に御尽力相成度《あいなりたく》」(17)と求めているように、民設か官設かの区別にこだわらず、早急に鉄道を実現させたいとする気運がめばえていたのである。

これ以後の山梨県の政治状況については、地方利益要求の噴出がいかに明治期の政党政治家の行動を拘束していったかを詳細に描きだした有泉貞夫氏の名著『明治政治史の基礎過程』（吉川弘文館、一九八〇年）に記されているとおりである。そこでは、自由党員が官設鉄道誘致の運動に最も躍起となること、その際、民力休養という党是との整合を図るため、彼らは、この鉄道が一地域の利益のためでなく、軍用鉄道として国家的観点から必要であるとする主張を展開していたことなどが明らかにされている。

同じような政治状況は、私設甲信鉄道の実現、あるいはそれが不可能であれば官設鉄道の敷設という形で、鉄道実現への期待を共有する長野県においても見られる。

有賀義人前掲書によれば、一八九一年七月一三日に甲信鉄道松本事務所において、黒川九馬が地元選出衆議院議員の小里《おり》頼永・江橋厚（ともに自由党）を招き、甲信鉄道計画が行き悩んでいることを訴えかけたところ、両名とも鉄道の実現に向けて尽力する旨を語っていたという。ここでも、私鉄事業の停滞という事態を受けて、代議士を巻き込んだ実現運動が開始されていく状況を確認することができよう。

それだけに、第二議会を前にした一一月一日に、松本で開かれた信濃民党総会の決議において、生糸輸出税全廃や地租軽減といった要求に先んじて、全国幹線を調査して国庫支弁で敷設すること、とりわけその第一着手として「中仙道幹線兼軍用鉄道」の敷設を第二議会に請願することが、トップに掲げられていたことには注目される。同様に、一〇月二五日に下伊那郡飯田町で開催された南信自由党大会においても、一〇か条の請願項目のうちに、「中仙道軍用鉄道敷設の件」が含まれていた(18)。

こうして第二議会に向けて、官設鉄道敷設への期待が高まってくると、かつて中山道鉄道の誘致合戦を展開した前史をもつ木曽・伊那両地方でも、請願運動が再び活発化してくる。

木曽地方へは、同年六月に黒川九馬が遊説し、軍事上からも平時の経済面からも、木曽に鉄道を通すことの意義を吹聴してまわっていた。したがって、一〇月頃には、西筑摩郡福島村（現・木曽福島町）をはじめとする木曽谷の村々では、黒川を頼りながら東京での請願活動を開始していく。そこでも、経路をめぐるライバル関係に立つ伊那地方への敵愾心は強烈であったことが、一〇月二七日付けの在京運動者からの次のような手紙(19)に見て取ることができる。

「伊那地方有志者の運動たるや、昨今非常の熱度を高め、過日来飯田より両人の委員を上京せしめ、加之《しかのみならず》東京今村清之助・田中平八の如き富豪の資を助くるあり、伊沢修二・中村弥六の如き熱心家の力を致すあり。已《すで》に十二分の手段を施し、正に七八分の勝利勝算は彼の胸宇に可有之《これあるべく》と存候。此時に当り我同郷諸君にして木曽は適当の地なり里程に於て二十哩《マイル》を短縮すべし費用に於て幾百万金を減すべしなど、孔孟風の正義正論を盾と恃み普通の緩手段を以て今日の社会に事を成さんと欲せば、必竟伊那の奴輩にだしぬかる丶事、掌を指すよりも尚明なり。」

すでに委員を上京させ、在京有力者の支援を受けて熱心に運動を始めている伊那地方に出し抜かれないように、正論を主張するだけでなく、相当な手段を取る必要があることを強調していたのである。具体的には、遊説委員をすみやかに上京させて当局者・代議士や新聞記者に説いて世論を喚起することや、建議書・趣意書・測量図などを印刷して広く頒布すること、相当の運動費を募集しておくことなどが、運動方針として示されていた。

他方、伊那地方の有志者も、右の手紙にも述べられていたような熱心な請願活動を早くから展開していた。加えて、文中にも名前があがっているとおり、郷土出身の在京有名人も多数援助していた。まず、今村清之助は下伊那郡出原《いずはら》村（現・高森町）出身の鉄道事業家、田中平八（二代目）は、横浜で生糸相場師として成功した赤須村（現・駒ヶ根市）出身の先代の長男である。また、伊沢修二は伊那高遠《たかとお》藩士の家に生まれ、文部省の教育行政官として唱歌教育の普及に尽力したことで有名な人物。そして、中村弥六は長野県第六区（上伊那郡・諏訪郡）選出の衆議院議員で、これから本書に頻出する第七区（下伊那郡）選出の伊藤大八とともに、伊那線実現のために奔走することになる政治家である。

こうした多彩な在京者の運動を支える地域末端での動きも見ておこう。たとえば上伊那郡においては、鉄道運動のために、郡役所に事務所を設けて委員二名を常置することとしていた。そして、そうした活動に対する義援の要請が、村長を通して、その下部の区長にまで通知されていた。(20) このことからは、郡―町村―区という行政機構をあげて請願運動に取り組まれていた様子がうかがえる。

以上のように長野県においても、私設甲信鉄道計画の頓挫を受けて、急速に官設鉄道誘致を求める政治運動が、第二議会に向けて熱度を増していくのである。

五　九州鉄道と長崎市

ここまで述べてきた山形・福井・山梨・長野の例は、私鉄計画が地域の期待を集めながらも、敷設への動きが見られないうちに頓挫し、官鉄誘致へと運動を転換したケースである。それ以外に、私鉄事業がなかばまで実現して鉄道開通への期待が喚起されながらも、自地域への延伸が遅れていたために鉄道速成運動が展開されてくる地域もある。そうした場合は、当該私鉄会社に速成の交渉を行うこととなるが、それでも見込みが得られない場合は、その会社を政府が買収した上で、官設にて残区間の工事続行を願う要求が生じてくることになる。

以下では、まず、九州鉄道会社と長崎市との関係を中心にして、そうしたケースを見ていくことにしよう(21)。

江戸時代には特権的な貿易港として繁栄していた長崎も、幕末の開港以降は貿易の中心的地位を横浜や神戸に奪われ、町勢の停滞的様相を呈しはじめていた。それに加えて、やがて訪れた鉄道時代にも乗り遅れるおそれがあった。

一八八七(明治二〇)年一月二一日に創立委員会が開かれ、まもなく創立願が提出されてくることになる九州鉄道会社は、当初は福岡・熊本・佐賀三県の県令(県知事)が主唱して始動し、これら三県の有志者のみで構想されてきたものであった。そのため、当初の計画路線は、門司から久留米・熊本を経て三角港および八代までと、その途中(鳥栖)から分岐して佐賀を経て長崎県東彼杵《そのぎ》郡早岐《はいき》(現・佐世保市)までの区間にすぎず、長崎市までの路線は組み込まれてはいなかったのである。

そこで、こうした事態に危機感を強めた長崎商工会(のちの商工会議所)会頭松田源五郎が中心となって、佐世保〜早岐〜長崎間を結ぶ鉄道会社を別に設立し、その後に九州鉄道会社に合併をもちかける方針で、鉄道実現運動を開始した。その結果、一八八七年二月には長崎県知事日下《くさか》義雄を通して鉄道敷設許可申請が政府に提出されてくる。

こうして二つの計画が分立する状態に対して、政府は、同年五月一一日付けで、両計画を統合した上で再度申請するよう指令した。そこで、六月二一日に熊本において四県の創立委員が会合し、長崎県の区間を建設予定線に組み入れた上での会社創立規約などを決定し、役員の選出を行った。長崎市の運動は、とりあえずその目的を果たしたわけである。

こうして再編成された九州鉄道会社には、一八八八(明治二一)年六月二七日に免許状が下付された。同社では、最も収益の見込める第三工区の博多～久留米間から工事に着手することとした。この区間の工事は順調に進み、一八九〇年三月一日には全通している。

しかし、創業まもない九州鉄道会社に対しても、一八九〇年恐慌の打撃は深刻であった。会社としては、経営状態の悪化に対して、役員の減給や社員のリストラなどで対処した。しかし、株主からは、株金払込みの猶予と残工事の打ち切りの要求が出され、会社側としては、これを受け入れざるをえない状況となっていくのである。資金不足分は社債を発行して工事を継続した結果、一八九一年七月に熊本まで、八月には佐賀まで開通していたが、それ以降の建設のめどは立たなくなってしまった（図1－2参照）。

こうした事態に驚いた長崎市では、同年一〇月頃から、市会や市長を中心とした動きが活発になる。同月一一日に、この時期の市政の執行機関である市参事会が、市内の各種営業者を集め、市民全体の意見として、九州鉄道会社や政府に対して工事継続を働きかけていくことを決定していた。その翌日には各種商業組合の中心人物が市役所に招請され、運動への協力を求められた。さらに一六日に

図1－2　九州鉄道関係図

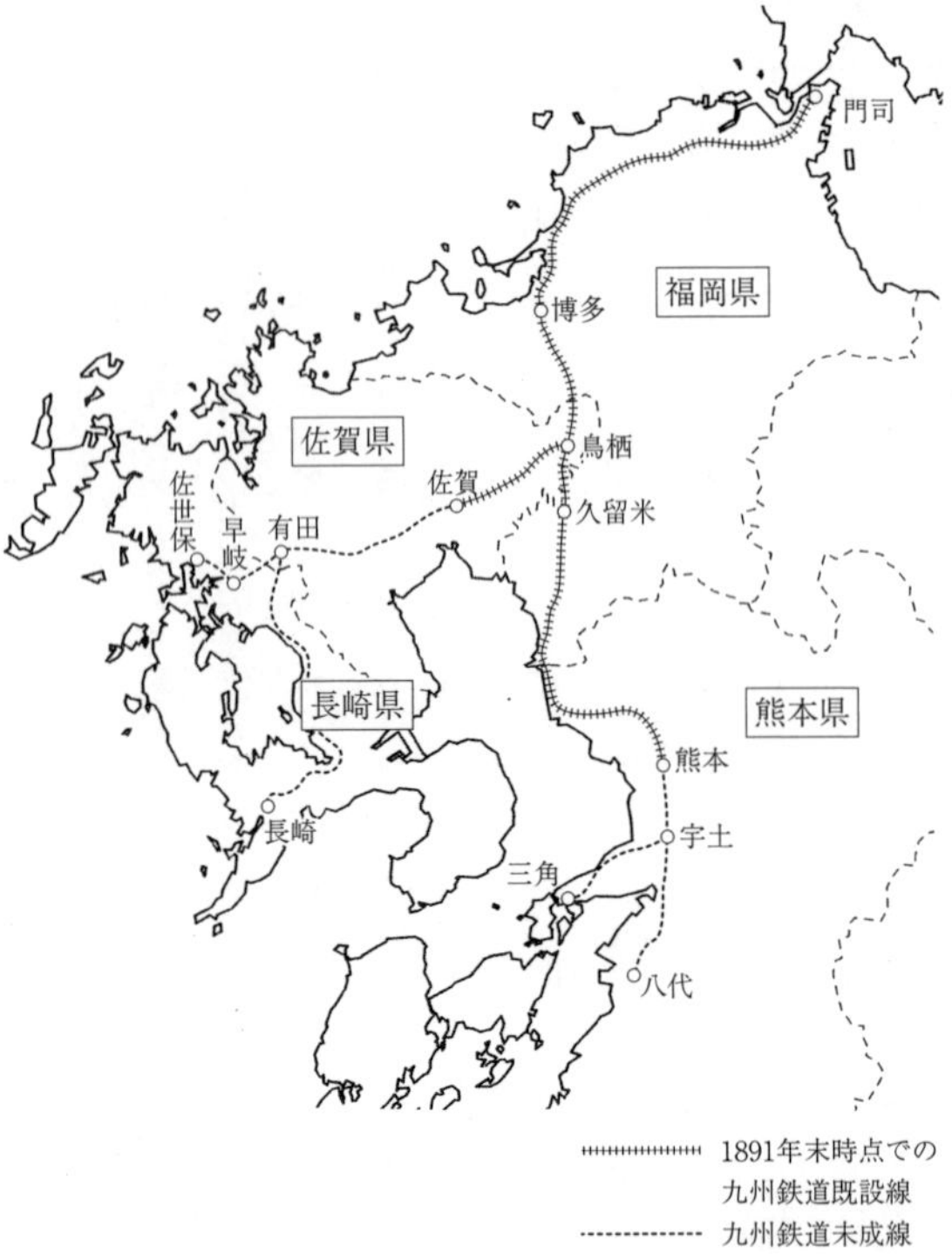

は、外国貿易商・米穀商・茶商・荷受問屋・質商・呉服商・旅人宿・油商・時計商など一八業種からそれぞれ一名ずつの委員を出し、これに市参事会員・市会議員らが加わり、市長を会長とする委員会が開催されていた。以上のように、長崎市での鉄道実現を求める運動団体は、市長や市会議員を中心に、市内営業者を網羅した組織として発足していたのである。

運動団体は、一〇月三〇日に門司で開催される九州鉄道会社株主総会にあわせて、委員を派遣することとなり、北原雅長市長のほかに、市会議員から八尾正文と今山礼造が選ばれた。門司におもむいた彼ら三名は、予定どおり高橋新吉社長と面談することができた。その際の会談内容は、高橋の側に詳しい記録が残されていてよくわかる。同月三一日付けで高橋が井上勝鉄道庁長官に出した手紙[22]がそれである。ほかに九州鉄道の内情や政府との交渉内容なども記された重要な史料である。

まずわかるのは、金融逼迫のため株金募集が容易でない現状に対し、高橋が上京して井上勝と会談し、政府による買収に関して下相談をしていたことである。高橋は、九州鉄道を政府が買収し、未成区間を国費で建設することになれば、株主にとっても地方住民にとっても幸福であると述べて、井上の買収案に賛成を表明していた。ただ、地元在住株主の反対意見が出て混乱する事態をおそれ、三〇日の株主総会には買収問題は提案せず、終了後に社長談話として自論を述べるにとどめていた。

次に、長崎市代表委員や熊本県三角・八代地方の総代と会見した際のやりとりが記されている。高橋社長は、鉄道の延長は本望ではあると述べつつも、経済情勢が困難なため、九州鉄道会社に対して未成区間の完成を期待するよりも、政府が次期議会に私鉄会社の買収と官設による拡張を提案しそうなので、その法案の成立に向けた運動を展開する方が早道であることを説いていた。そして、各地代表者も、私鉄か官鉄かを問わず、鉄道そのものの速成を願っているわけであるから、高橋の談示に納得し、運動の方針転換を約して帰っていったという。以上が、高橋の手紙の要旨である。

この後の長崎市においては、あくまでも九州鉄道会社に敷設の続行を要求するか、政府による買収と建設を請

写真1－5　坂井等（1828～1906年）

出所：『実業人傑伝』。

願していくかをめぐって議論が分かれた。しかし、第二議会が開かれる一二月頃になると、単身上京していた北原市長からの再三の要請もあり、官設鉄道拡張の法案に長崎線を加える方向で政府・議会に請願するため、市会からさらに上京委員を派出することが決定した。その旅費は、市の予備費から支出することになった。

　こうして、実業組合を代表して松尾巳代治が、また市会を代表して市会議員の今山礼造が選ばれ、両名はあいついで上京していった。長崎市内で弁護士を営む今山は、市会議員は二期務めただけの人物であるため、地元の近代史上でもほとんど無名と言ってよい。しかし、東京での活動を精力的に展開する者として、本書でこれ以後たびたび登場する重要人物の一人となっていく（↓35・40頁）。

　ところで、これまでの記述にも登場していたとおり、九州鉄道の建設の停止によって、長崎市とまったく同じ状況に置かれたのが、熊本県の八代地方であった。したがって、ここでも同じ方向性をもった運動が開始される。

　ここでの中心となるのは、坂井等という人物である。坂井は八代の士族で、西南戦争には政府軍側に参加した経験をもつ。学区取締や町村会議長などの公職を歴任し、学校や病院の設立に尽力するなど地域の繁栄に積極的にかかわりをもつ一方、九州改進党員としての政治活動も展開していた。こうした活動歴をバックに、九州鉄道の設立時には、その創立委員にも選出されていく。一八八六年一二月の九州鉄道創立委員会には、熊本県委員一五名のうち八代郡からただ一人選ばれていたのが坂井であった。一八八八年八月の重役の選出にあたっては、常議員に就任している[23]。

したがって、先に紹介した高橋新吉の手紙の中で、坂井は、長崎市代表者らと同様に、高橋の説に共鳴して、官設鉄道の延長を願う方が時宜にかなっていると悟り、代議士に勧説すると言って帰っていった人物として登場している。

前掲『鉄道意見全集』には、「鉄道拡張に関し泣て衆議院に望む」と題する坂井等の演説も収録されている。この演説書を、以上述べてきたような八代地方の置かれた状況をふまえて読むならば、主張点は明らかであろう。坂井は、第二議会においては、党派的感情をぬぐい去り、国家的観点から政府提出の鉄道買収と拡張に関する法案を成立させるよう、特に民党の議員らに対し、「天を仰ぎ地に伏し、泣て切望」していたのである。

六　山陽鉄道未成線をめぐって

右の『鉄道意見全集』には、ほかに山陽鉄道予定線上にある広島・山口両県からの請願書ものせられているが、ここでも事情は同じであった。

山陽鉄道は、内海忠勝県令（県知事）や牧野伸顕書記官ら兵庫県の県官吏の発案によって設立されてきた私設鉄道である（コラム①参照）。当初は、官設鉄道東海道線の西端である神戸駅を起点として西進し、同県内の姫路までを結ぶ計画であったが、井上勝鉄道局長官の強い指導によって、山口県の下関（赤間関《あかまがせき》・馬関《ばかん》）まで敷設することを条件として、ようやく一八八八年一月四日に免許状が交付され、会社設立にこぎつけた。

以後の工事は順調に進み、同年内には姫路まで開通させた。さらに、政府補助金を受けつつ、一八九一年三月に岡山まで、翌年七月には広島県下の三原（現・糸崎）まで開通させている。しかし、これと前後して、やはり不況の影響で株金募集が困難となる事態に直面していた。山陽鉄道会社においても、役員の減給や職員のリストラを進め、組織の縮小などに努めたほか、一八九一年五月二一日には、同年末までと定められていた広島市までの竣工期限を延長するよう申請することを余儀なくされているなど、建設事業の停滞ぶりが顕著になっていたのである。

『鉄道意見全集』に、広島商業会議所会頭の栗村（正

しくは粟村）信武による「民設鉄道を国有に移すの請願」、広島市長伴資健《ばんすけゆき》・市会議長相原（正しくは桐原）恒三郎による「民有鉄道を国有鉄道となすべきの請願」、山口県豊浦郡民による「鉄道の件に付請願」の三点が収録されている背景には、以上のような事情があった。これらの請願書は、経済界の救済策としての鉄道国有化についても論じてはいるが、重点は、山陽鉄道会社による建設工事が中断している現状を批判し、残る三原〜下関間を官設にて第一番目に着手し、山陽鉄道会社の買収とあわせて、山陽道を貫く官設鉄道の完成を請願することに置かれていたのである。

　従来の研究においては、『鉄道意見全集』にのせられた多数の鉄道国有化請願書は、投資家による財界救済要求という側面に引きつけて解釈される傾向が強かった。たしかに露骨にそうした利害を表明した請願書は多い。しかし一方では、私鉄事業の停滞に直面した鉄道未成地域から、鉄道速成のために国有化が求められている例が、以上のようにいくつも見受けられる点には注意しておかなければならない。

　本節の叙述から明らかなように、井上勝が「鉄道政略に関する議」を提出してきた時期は、多くの地方において私鉄事業への期待が急速に消滅し、官鉄での実現に方針を転換した上で、来たる第二議会に向けて請願活動を強めようとする動きが生じていたのである。

【参考文献】

（1）佐々木克『江戸が東京になった日』（講談社選書メチエ、二〇〇一年）一〇二頁。
（2）木下立安編『拾年紀念日本の鉄道論』（鉄道時報局、一九〇九年）四一頁。
（3）『日本鉄道史』上篇、五二五頁。
（4）交通博物館蔵「鉄道局事務書類」第六巻。
（5）『日本鉄道史』中篇、二頁。
（6）以下、ことわりのない限り、『山形県史』第四巻（一九八四年）による。
（7）『山形県会史』（一九〇五年）附録八頁。
（8）『山形県史』資料篇一九（一九七八年）七一二頁。
（9）以下、ことわりのない限り、『福井県史』通史編五（一九九四年）、小谷正典「福井県における北陸線敷設運動の展開（二）」（『福井県史研究』一五、一九九七年）による。
（10）牧野伸顕『回顧録』上巻（中公文庫、一九七七年）一五八頁。
(11)『福井市史』資料編一一（一九九四年）八七二頁。
(12)国立国会図書館憲政資料室蔵マイクロフィルム「杉田定一関係文書」。
(13)国文学研究資料館史料館蔵「甲斐国山梨郡下井尻村井尻家文書」五三四。
(14)長野県立歴史館蔵「上書建白之部・鉄道布設之部・渡船並新道開鑿之部」。
(15)黒川九馬「早稲田の二十年」『早稲田大学史記要』一－二（一九六六年）。
(16)『山梨県史』資料編一四（一九九六年）四三五頁。
(17)同前、四三六頁。
(18)丸山福松『長野県政党史』上巻（同刊行会、一九二八年）三三八頁。
(19)『木曽福島町史』第三巻（一九八三年）六八〇頁。
(20)『長野県史』近代史料編第七巻（一九八一年）五五九頁。
(21)以下、ことわりのない限り、『長崎市議会史』記述編第一巻（一九九五年）、原康記「明治期肥前地方における鉄道網の形成」（九州産業大学『商経論叢』三六－一、二、一九九五年）、中村尚史『日本鉄道業の形成』（日本経済評論社、一九九八年）などによる。
(22)大久保達正監修『松方正義関係文書』第九巻（大東文化大学東洋研究所、一九八八年）六〇三頁。
(23)広田三郎『実業人傑伝』第三巻（一八九七年）、および中村尚史前掲書。

コラム①　山陽鉄道の創設と兵庫県

本文中に登場した山陽鉄道会社の創設については、『山陽鉄道会社創立史』と題する社史（『明治期鉄道史資料』第二集第三巻(二)に収録）が作成されている。

同書は、神戸～姫路間に鉄道を敷設しようとする動きが、一八七六（明治九）年の兵庫県誕生をきっかけに、県官吏らによって起こされたことから書き始めている。

兵庫県は、摂津・播磨・丹波・但馬・淡路の旧五か国の一部あるいは全部を統合して誕生したものである。これだけの数を寄せ集めて成立した府県は、ほかにはない。県庁は旧摂津国の神戸に置かれたが、県域の南東隅に偏した位置にあり、広大で複雑なこの県を治めるのは至難であった。県の分離や再置県を請願する者が多数あらわれ、「物議騒然」という情勢であったという。

そこで、県内に鉄道を敷設し、「僅かに四五十里の距離朝夕相往復し得て敏捷快活」になるようにすれば、県の分離論などは消滅するであろうと考えたのが、兵庫県官吏の村野山《さん》人《じん》であった。もちろん続けて、鉄道が県内の殖産興業に資するというメリットも述べられているが、村野の発想の根底にあったのは、鉄道の開通による移動時間の節減と空間の短縮こそが、円満な県治をもたらすであろうという期待である。

鉄道で結ばれた地域の間では、経済圏の統一や文化面での均質化の実現が期待されることは言うまでもないが、政治的統合を図るための装置としても認識されていたことが、兵庫県において山陽鉄道構想が浮上してくる経緯から指摘できるのである。

なお、ここに登場した村野山人は、のちに山陽鉄道会社の副社長に就任するほか、南海鉄道・京阪電気鉄道・神戸電気鉄道など多数の私鉄会社にも関与する。また衆議院議員に選出された際には、鉄道会議議員も務めている（49頁）など、終生鉄道業に深くかかわることになる人物である。

第2章　鉄道期成同盟会と鉄道敷設法

第一節　鉄道期成同盟会の結成

一「鉄道政略に関する議」

本章は、一八九一（明治二四）年七月に井上勝鉄道庁長官が「鉄道政略に関する議」を提出したのちに、翌年六月の第三議会で鉄道敷設法が成立するまでの過程を対象とする。地方社会からの期待をになって続々と上京してきた請願者らがどのような行動を示し、それを受けた代議士らは、どのような動きをするであろうか。

その前に、井上勝が今後の中長期的な官設鉄道拡張と既存の私鉄会社の買収を提起した「鉄道政略に関する議」の内容について見ておく。これは、『日本鉄道史』上篇に全文が掲載されているので、よく知られているが、あらためてその要点をまとめておこう。

まず、今後全国に敷設を要する路線は三五五〇マイル（五七一三km）であり、その総工費は二億一三〇〇万円と見積もられる。ただし、その多くは収益の少ない路線であり、私鉄会社に敷設を期待することはできない。そこで、今後の鉄道拡張のためには、①全国の敷設予定路線の調査・測量、②官設で敷設すべき路線の選定と起工、③私鉄の買収、の三点が求められる。このうち①の必要性については、前述した同年四月の意見書などでも述べているので省略するとしている。

次に、②についてである。今後の官設予定線としては、第一期に起工すべき路線として、八王子～甲府間、三原～下関間、佐賀～佐世保間、敦賀～富山間、福島～青森間、直江津～新発田間の六線をあげる。その総延長は八〇一マイル（一二八九km）で、総工費は約三五〇〇万円と見積もられる。その経費の支弁は、一八九二年度より毎年五〇〇万円の公債を七年間募集してあてる計画であった。

③の必要性については、次のように説明する。今後の不採算路線を建設する経費を捻出するためには、収益の多い区間を占めている既成の私鉄会社を買収し、その収益を新線建設に振り向ける必要がある。また、官私をあわせた統一的経営を図る方が、経営効率上からも軍事的

図2－1　「鉄道政略に関する議」における建設・買収予定線

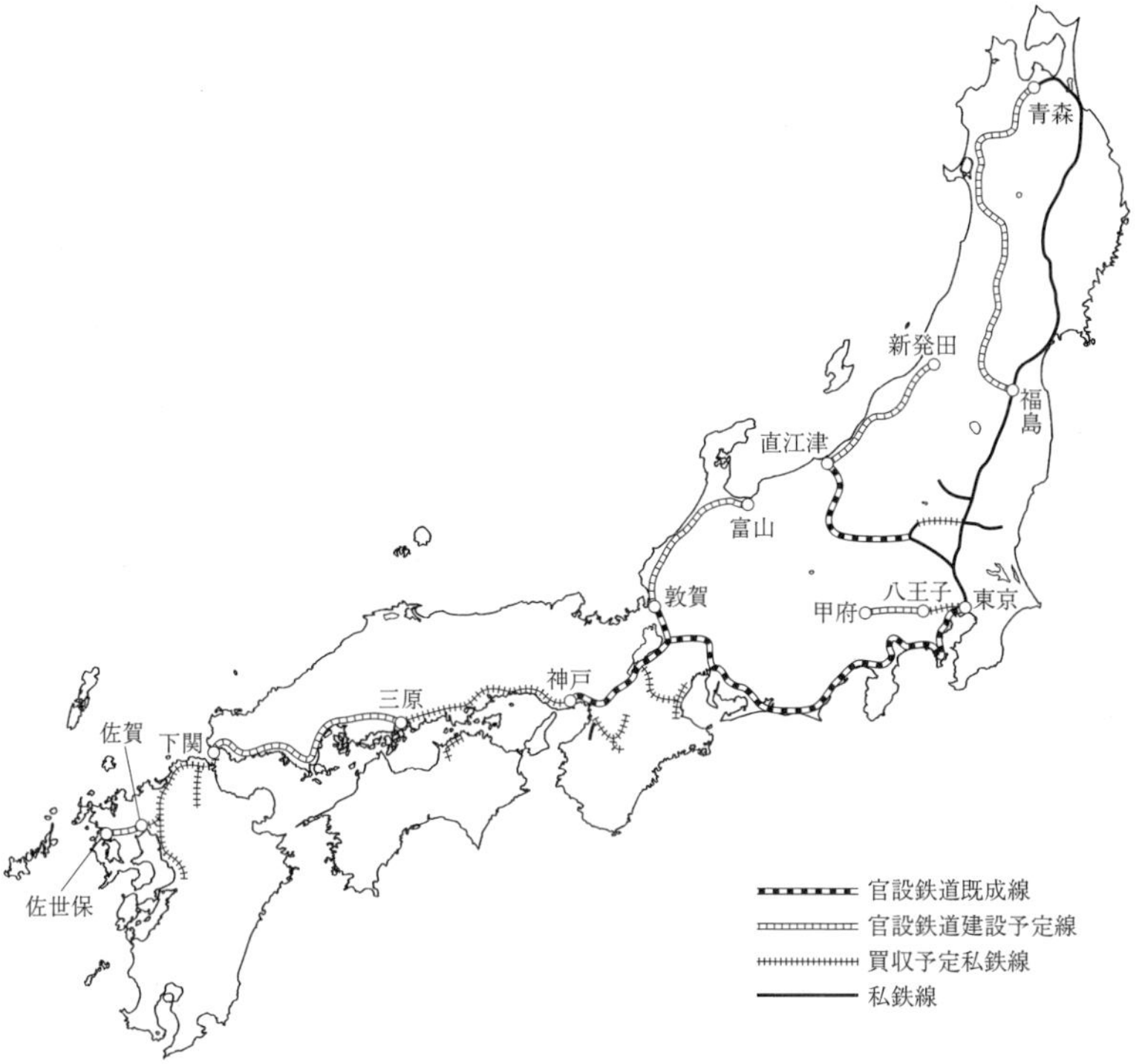

利用からも有利であり、収益アップにつながる。そして、一八九〇年恐慌の到来によって私鉄路線の延伸が停滞している状況を指摘した上で、各社の株価が低落している現在が私鉄買収の好機だとする。そうした観点から、具体的には九州・山陽・讃岐・両毛・筑豊興業・甲武・大阪・関西の八社を買収する（図2－1参照）。総額二二〇〇万円と見積もられる買収費も、公債を発行してまかなうとしていた。以上が井上の政略の概要である。

次期議会でも政府の経費節減を強く求めてくることが予想される民党に対して、第一次松方正義内閣は、積極的な公共事業計画を対置することによって対抗しようとし、同年九月頃には、井上が提議したこの鉄道拡張策を採択することを閣議決定した。ただし、政府部内での審議を経て、松方内閣が同年末の第二議会に提出してきた鉄道公

写真２－１　松方正義（1835〜1924年）

出所：『公爵松方正義伝』。

債法案と私設鉄道買収法案は、井上の政略の趣旨を変更した箇所もあり、この点は井上にとっては不本意なものであったことは注意しておかなければならない（前著参照）。

同年一二月一四日に提出されてきた両法案の要点は、次のとおりである。

①鉄道公債法案。今後九年間で三六〇〇万円（一年平均四〇〇万円）の公債を募集し、八王子～甲府間、三原～下関間、佐賀～佐世保間、福島～青森間、敦賀～富山間、直江津～新発田および新潟間の六線を建設する。

②私設鉄道買収法案。「凡て公共の用に供する鉄道は国の所有とするの必要を認むる」ので、私鉄会社を興業費支出額または株券払込額を超過しない価格で買収する。その総経費として、政府は、五〇〇〇万円を超えない額の鉄道買収公債を発行することができる。

二　鉄道期成同盟会の結成

政府側がこうした動きを示す一方、第二議会に向けて各地から続々と上京してきた陳情者らは、一つの院外圧力団体を結成しようとしていた。ここに登場するのが、早くから鳥海靖氏の研究(1)によって注目されていた鉄道期成同盟会である。

その活動は、当時の新聞にもしばしば報じられ、世間の耳目を集めていた。『国会』という紙名をもつ新聞の記事（一二月一〇日）によれば、各地から上京してきた者たちが芝公園の紅葉館に会合し、鉄道期成同盟会を結成したのは一二月七日のことであった。

彼らの出身県は、石川・福井・山形・山梨・新潟・長野の六県であったが、第二回会合からは長崎・富山も加わっている。その後も加盟府県は徐々に増加していったようである。やや後のことになるが、第三議会期の一八九二年六月時点では、以下のような一四県の代表者氏名を確認することができる。(2)

（新潟県）鈴木長蔵・山田順一・野俣捨五郎、（山梨県）佐竹作太郎・小田切謙明・渡辺信・根津嘉一郎、（福井県）林藤五郎、（長野県）黒川九馬・伊原五郎兵衛・森本勝太郎、（山形県）重野謙次郎・工藤六兵衛・土方恕平・川合通次・篠崎兼、（長崎県）今山礼造、（石川県）疋田直一・大久保全・上森捨次郎、（熊本県）坂井等、（佐賀県）小鳥居豊、（山口県）古谷満二郎・永積安兵衛、（広島県）桐原恒三郎・岡野七右衛門、（秋田県）大久保鉄作・横山勇喜・柿崎武助、（岡山県）最上熊夫、（富山県）関野善次郎

これらの県は、奥羽線（山形・秋田）、北陸線（福井・石川・富山）、中央線（山梨・長野）、信越線（新潟）などの官設線敷設を要求するようになった地域や、九州鉄道（長崎・熊本・佐賀）、山陽鉄道（広島・山口）の延伸が停滞しており、私鉄の買収と官設での実現を求めるようになった地域であるという共通項を指摘できる。

その代表者氏名の中にも、前章ですでに登場してきた人物を幾人も見つけることができる。山梨県の佐竹作太郎、福井県の林藤五郎、長野県の黒川九馬、山形県の重野謙次郎、長崎県の今山礼造、熊本県の坂井等、広島県の桐原恒三郎らである。彼らの多くは、それぞれの地方においては、県会議員・議長や市会議員・議長といった有力政治家であった。

さて、再び第二議会期に戻り、鉄道期成同盟会の結成後の活動ぶりを見ていくことにする。同会では、一八九一年一二月七日の第一回会合時に、鈴木長蔵（新潟）と岡部広（福井）の発議によって、鉄道問題を党派問題とせず、各府県一致合同の運動をすること、各府県選出の代議士に同意賛成を求めていくこと、などの運動方針を定めていた。また第二回会合時には五名の理事を置くことが決まり、小田切謙明（山梨）、山田卓介（福井）、疋田直一（石川）、八木朋直（新潟）、松尾千振（長野）が

選出されていた。

彼らが恐れていたのは、第一議会と同様に、自由党や改進党などの民党が「民力休養」スローガンをおろさず、再び政府提出予算案の削減をはかって全面衝突となり、そのあおりで鉄道関係法案が不成立となることであった。そのため、右の運動方針からもわかるとおり、まずは党派を問わずに自県出身の代議士に働きかけを強めることが目標とされた。このうち、福井県から上京してきた山田卓介・林藤五郎らが、杉田定一に対して面会を求める手紙を出していたことについては、先に紹介したとおりである（16頁）。各県代表者らも、同様の動きをとっていたことであろう。

彼らはまた、手わけして各党総裁や事務所を訪れてみずからの要求を説いてまわることとなり、具体的には次のような布陣が定められた。

板垣退助邸と自由党事務所には小田切謙明・斎藤卯八・松尾千振

大隈重信邸と改進党事務所には大垣兵次・岡部広ら

自由倶楽部には岡部広・疋田直一・篠崎兼巴倶楽部には田川乙作・渡辺猶人

このうち、一二月一二日に自由党事務所で三時間にわたって板垣総理と面談した小田切謙明らの問答については、すでに前掲『鉄道意見全集』に掲載されているほか、鳥海靖氏や有泉貞夫氏もその論著に引用しており、早くから有名になっているものである。ここで山梨県自由党員でもある小田切は、政府の新たな公共事業の実施はいっさい認めないといった自由党内に根強い硬骨な議論をしりぞけ、国利民益の観点から世論が切望する鉄道拡張策についてはこれを可決するよう迫っていたのである。

これに対して板垣も、政府に信用が置けないから一律に新事業は否認するという方針ではないと述べ、鉄道は官設で進めるべきとする持論を披露したのち、厳密な調査を経た上でならば、未成鉄道の敷設はかならずしも不同意ではないといった、前向きとも取れる発言をしてみせていた。

ただし実際には、その後の政界は、鉄道期成同盟会が心配していたとおりの展開をたどってしまうことになる。衆議院において政府と民党との全面衝突となり、第二議会は一二月二五日に解散されてしまうのである。鉄道期成同盟会による圧力活動も、民党の強硬姿勢を緩和させ、藩閥政府への同調を促すまでには至っていないのである。

この結果に落胆した陳情者らがそれぞれに帰郷していった後も、鉄道期成同盟会自体は、在京者である黒川九馬と疋田直一を理事として、組織が維持されていく。

このうち黒川の経歴については前章で見たとおりである（18頁）。疋田直一は石川県士族で、一八八一年頃には旧藩主前田家を中心とした東北鉄道会社設立計画を熱心に画策したり、一八八八年の北陸鉄道会社設立に際して石川県発起人一八名のうちに名を連ねているなど、自県への鉄道実現に強い関心を持つ人物であった(3)。

黒川と疋田は、一八九二年一月一一日には大隈を、また翌日には板垣を訪れ、松方首相にも二月一日に面会を果たすなど、議会解散後も各政党総裁や政府有力者への働きかけを続けている。黒川九馬が著し、『鉄道期成同盟会報告』という題が付された刊行物は、『明治期鉄道史資料』第二期第二集第二二巻にも収録されていてよく知られているが、これは、帰郷していった各地の同盟会員に対し、そうした活動ぶりを伝達することを一つの目的に作成されたものである。全国の請願者らのネットワークが着実に生み出されつつあった。

三　衆議院の動向

次に、再び第二議会開会中の状況に話を戻し、院内での代議士らの動きに目を移すことにする。院外の鉄道期成同盟会員らの期待に反して、衆議院は民党と政府との全面対決の場となってしまったのであるが、そうした中でも、今後につながる動きもめばえていた。超党派の議員から構成される帝国実業協会なる団体が中心となり、独自の鉄道拡張法案を作成して議員立法として成立させようとしていた動きがそれである。

帝国実業協会とは、かつて第一議会に佐藤里治が提出した鉄道拡張に関する建議案に共鳴していた代議士らが、次期議会に向けて活動を強化しようとして結成していた団体である。主唱者は八巻九万と佐藤里治で、会員は八〇余名に達していたと報じられている（『時事新報』一八九一年七月三一日）。その会派別内訳は、自由党一六名、改進党一四名、自由倶楽部七名、旧協同倶楽部二名、巴倶楽部八名、無所属一一名、大成会一三名、独立倶楽部四名というように、民党と吏党にまたがる超党派の議員集団であった(4)。

彼らは、一二月一〇日に議員提出法案として鉄道拡張法案と官設鉄道会計法改正案を衆議院に提出してきた(5)。その提出者氏名を、出身府県もあわせて記せば、次のとおりである。

佐藤里治（山形）、神野《かんの》良（石川）、八巻九万（山梨）、関野善次郎（富山）、谷元道之《みちゆき》（東京）、河島醇《じゅん》（鹿児島）、杉田定一（福井）、是恒眞楫《これつねまかじ》（大分）、中村弥六（長野）、鈴木昌司（新潟）、佐々田懋《すすむ》（島根）、山瀬幸人（鳥取）、菊池九郎（青森）、白井遠平（福島）、伊藤大八（長野）

最後の伊藤大八は、鉄道拡張法案には賛成者の一人として名を連ねていただけだが、官設鉄道会計法改正案では提出者に加わっているので、ここに掲げておいた。

以上の一五名のうち、佐藤里治・八巻九万・杉田定一・伊藤大八・中村弥六については、それぞれの地元でどのような動向が生じていたかについて、前章で見たとおりである。そのほかの人物も少しだけ紹介しておこう。青森県の菊池九郎は弘前の出身者である。青森市にはすでに日本鉄道が通じていたが、同県内にあっても弘前地方は、鉄道未成状態に置かれたままであり、奥羽線敷設の決定が待たれるところであった。同様に、福島県も日本鉄道が通過しているが、白井遠平の選挙区である第五区は、その沿線から外れている地域であった。いずれにしても、東京の谷元を除けば、鉄道未成地域の選出議員が数多く名を連ねていることが明らかであろう。

彼らの鉄道拡張法案とその理由書によれば、今後全国に敷設すべき路線は三〇〇〇マイルで、その建設費は一億三五〇〇万円におよぶと見積もられている。その完成までの期間を三期にわけ、とりあえず第一期は、四五〇〇万円の公債を九年間（毎年五〇〇万円）で募集して建設工事を進めるという内容であった。この第一期計画の規模は、井上勝の政略や政府提出の二法案よりは若干ふくらんでいる。

一方この案は、既存の私鉄会社をことさら買収することは企図していなかった。また、各期の鉄道建設費予算や私鉄買収については帝国議会の協賛が必要と規定されており、鉄道の建設や買収といった政策決定を、できるだけ議会の支配のもとに置こうとしていた。これらの点では、政府提出案とは大きな相違があった。

この鉄道拡張法案は、院外の鉄道期成同盟会との合作とも呼べるものであった。この点は、黒川九馬が前掲『鉄道期成同盟会報告』で、「自分も該案に就《つい》ては大に関係を有し、常に議員諸氏と協議して起草の労を執りしもの」と述べている箇所から明らかである。

院外の鉄道期成同盟会の圧力活動とも連動して、民党の足元をすくい、政府への強硬姿勢を鈍らせかねない動きが、院内でも潜行していたわけである。

しかし、前述したとおり、第二議会期においては、こうした動きは、結局のところ民党の旗幟を変えさせるまでには至っていなかった。ただ、自由党に関して言えば、その決定はきわどい差であったことは、特に記して注意しておきたい。

一二月一六日に開かれた自由党代議士総会において、鉄道問題に対する姿勢が協議された際の模様を、再び新聞『国会』（一二月一八日）によってうかがうと、以下のようであった。まず、政府の私設鉄道買収法案に賛成する者は星亨ら三名にすぎなかった。他方、政府の鉄道公債法案に関してならば賛成するという者は、伊藤大八ら二三名もいたのである。しかし、結局、政府提出二法案にともに賛成するか、あるいは、ともに反対するかという選択肢での採決となったため、二七対三五で全面反対論が多数を制した。このため、前者は脱党してでも自由運動を展開すると言って激高したが、板垣総理が仲裁に入り、多数意見に従うよう求め、やむをえない場合は自由運動も取りうる含みを残して、この日は散会したようである。

僅差とはいえ、党としての総意が示された以上、以後の審議は民党連合の強硬方針にそって展開していく。まず、私設鉄道買収法案に関する委員会では、はやばやと一二月二一日には同法案の否決を全会一致で決定していた。この報告を受けた衆議院本会議では、二四日に圧倒的多数で私設鉄道買収法案を否決した。この間、いま一つの鉄道公債法案委員会の審議は遅れていた。ようやく二五日になって同法案を否決することが決定していたが、これが本会議に付される以前に、松方内閣は、第二議会を解散する決定をくだしていたのである。

第二節　鉄道敷設法の成立

一　第二議会解散後の地方社会

議会解散後の一八九二（明治二五）年二月一五日に第二回衆議院議員総選挙が行われたのち、五月六日に開会した特別議会（第三議会）において、鉄道敷設法は成立する。本節では、同法成立までの過程を見ていく。

この時の総選挙については、史上悪名高い品川弥二郎内務大臣による大選挙干渉のみに目が奪われ、そこで何が争点になっていたのかは、かならずしも明らかにはされていない。例外的に山梨県の場合は、有泉貞夫氏の前掲書によって明確にされている。

たとえば山梨県第一区では、当選した浅尾長慶も、次点の金丸平甫も、そして三位に敗れることになる小田切謙明も、すべてが民力休養・政費節減という民党スローガンを掲げつつ、中央線の実現や治水事業の推進といった公共土木事業の実施要求も公約に共存させて選挙戦を展開していたのであった。そうした状況の中では、第二議会時に小田切謙明が鉄道期成同盟会理事として板垣と直接交渉し、一定の言質を得ていたという前述の実績（36頁）も、他候補との差異があまり浮きぼりにはならず、一敗地にまみれることになったのであろう。なお、この時第二区で初当選した薬袋義一も、かねてから鉄道実現を望みつづけていた人物として先に登場していた（19頁）。さらに、第三区選出の加賀美嘉兵衛もまた、鉄道の普及や治水の完成を公約の一つに掲げていたという。

次に、鉄道実現を望む各地方では、第三議会に向けて運動を再編していったと思われるが、その具体例としては、さしあたって長崎市の場合だけを見ておくことにしよう。(6)

長崎市では、第二議会期に上京していた今山礼造らが、一八九二年一月二四日に帰郷していた。そして、貿易商総会や、市会議員・商業者の合同懇談会など、鉄道敷設要求を掲げて今山らを送り出した運動組織に対し、東京での活動報告を行っていた。二月五日の市会の場でも、今山が上京報告を行い、鉄道期成同盟会に加盟したことや、次の第三議会では、長崎港の国家的重要性を強調して、鉄道法案に長崎市までの延長線を盛り込ませることが先決問題である点などを力説した。これをふまえ、同日の市会には「長崎・佐世保間鉄道延長を政府に請願する建議」が議案として提出され、二月二三日に可決された。

写真2-2 今山礼造(1845～?年)

出所:『長崎市議会史』資料編第2巻。

四月に入って第三議会が近づいてくると、再び上京委員を送り出すこととなり、今回もまた今山礼造が選ばれた。経費支出の決定が遅れたため、今山は私費で出かけようとしたが、一三日の市会で、上京委員の旅費は市の予備費から支出することが決まったという。

交通博物館に所蔵されている『長崎鉄道敷設に関する冀望《きぼう》』と題する九頁の印刷物は、以上のような長崎市会の要請を受けて再度上京してきた今山が、第三議会開会中の同年五月に作成し、貴衆両院議員らに配布したパンフレットである。その内容が、九州鉄道会社線の延伸が停滞している現状を指摘し、同社の買収と、長崎市までの官設線の速成を鉄道法案に盛りこむよう求めるものであったことは、これまでの叙述から容易に理解できるであろう。

第三議会開会を間近にひかえた四月二〇日には、このようにして各地から再び続々と上京してきた委員らによって、鉄道期成同盟会の集会が久しぶりにもたれて、今後の方針が話しあわれていた(『国会』一八九二年四月二一日)。

こうした院外での圧力団体の再結集に対して、次に、院内での鉄道法案成立に向けた動きを見ていくことにする。

二　第三議会における鉄道諸法案

政府と民党との全面対決の中で鉄道関係法案が吹き飛んだ前議会に対し、新たに選出された議員によって構成される第三議会は、いくぶん気運を異にしていたようである。この点は、鉄道問題に関して言えば、以下のような複数の議員提出法案が出されてきたことからもうかがえる。

①中央交渉部の佐藤里治が七六名の賛成者を得て、五月六日に提出してきた鉄道拡張法案（以下、佐藤案と呼ぶ）。

②自由党の塩田奥造（栃木県）・伊藤大八（長野県）・植木志澄《ゆきずみ》（高知県）が七六名の賛成者を得て、五月一〇日に提出した鉄道敷設法案（以下、自由党案と呼ぶ）。

③無所属の河島醇（鹿児島県）・田中源太郎（京都府）が三一名の賛成者を得て、五月一一日に提出した鉄道拡張法案（以下、河島案と呼ぶ）。

これら各案は、当時の新聞にものせられており、内容や賛成者氏名が判明する。[7] 前議会では超党派の議員による一本化された提出案であったのに対し、今回は、中央交渉部（吏党）と自由党とがそれぞれに法案を提出してきたことは、新しい傾向であった。

このうち、塩田・伊藤・植木らが自由党案を提出してきた経緯を、もう少し見ておこう。この時期の政党内の動向は、新聞や機関誌によってもある程度まで知ることはできるが、警察が潜入させていた密偵による報告が重要な史料となる場合も少なくない。実は、五月八日に行われた自由党代議士会の模様が、同日中に園田安賢警視総監から松方首相に伝えられており、[8] そこでの審議内容が手にとるようにわかるのである。

まず塩田奥造が、全国に鉄道を拡張することを主眼とする法案を自由党から提出することの意義を説明し、もしこれが可決されれば、「愈《いよいよ》国利を増進し、我党の面目を一新すべし」と結んでいた。これに対し、石田貫之助らは同案の全廃を主張したほか、江原素六・鈴木万次郎らは、自由党から出さずに政府から鉄道拡張案を出させるのが良策だと述べた。これに猛然と反論し、もし自由党がこの案を出さないのであれば、自分らは吏党提出案や政府案の賛成にまわると主張した人物が二人いた。長野県の伊藤大八と福井県の杉田定一である。こうした激論を経たのちに採決が行われ、自由党から鉄道案を提出することに賛成の者二七名、採決延期を求める者一二名、反対の者一五名で、可決に至ったのである。

以上の代議士会の模様からは、伊藤・杉田ら自己の選出基盤に鉄道要求をかかえる者たちが、自由党からも鉄道拡張法案を提出して公共事業に積極的な姿勢を示すことが、党の「面目を一新」する得策であると強く主張し、それに同調する者が過半数に達した結果、彼らの思惑どおりに党内の取りまとめが進行していったことがわかるのである。

以上の議員提出三法案のほかに、政府もまた前議会とまったく同じ鉄道公債法案と私設鉄道買収法案を提出してきたので、第三議会には、あわせて五つの鉄道関係法案が出されてきたことになる。そこで次に、それぞれの内容を比較検討していく。

まず建設予定線である。政府提出の鉄道公債法案は、前議会と同様のものであるから、八王子~甲府間、三原~下関間、佐賀~佐世保間、奥羽線、北陸線、直江津~新発田および新潟間の六路線を、三六〇〇万円の公債を九年間で募集して建設するという内容であった。ところが、佐藤案では、今後の敷設予定線二二項をすべて第二条に掲げておき、このうちから第一期に建設する路線を第五条に再記するという二段構えの形をとっている。この形式は、のちの鉄道敷設法に踏襲されていくことになるものである。ただし、佐藤案で第一期線に採択されている路線の内訳や、建設費額三六〇〇万円というのは、政府案と同じである（年限は一〇年間）。

これらに対し、自由党案はのちにまで問題を残すこととなる内容をはらんでしまっていた。その問題点とは、以下に記す二点である。

第一に、第二条に今後の建設予定線が二七項も列挙されており、諸案の中で最多だったことである。加えて、第一期建設予定線も第四条に八路線が選ばれており、これも最多だった。中央線全区間、長崎線、三角線、岡山〜境間、北海道の六路線などが第一期線に加わっている点で、政府案や佐藤案を大きく上回る内容になっていたのである。また、公債募集額や年限の明示はなく、議会の協賛にもとづいて別に定めるとされるのみであった。

第二に、その第一期線の中に、競合する比較線を盛り込んでしまっていることである。たとえば、中央線全線を建設すると明示してはいるものの、そのルートについては複数の比較線を示したままであり、確定しないで法案にのせているのである。こうしたあいまいさは、政府案や佐藤案には見られないものであるが、のちに成立する鉄道敷設法にそのまま流れ込んでしまうこととなる。

次に、私設鉄道の買収に関する条項について、各案の内容を比較してみよう。この点では、政府提出の私設鉄道買収法案のみが政府に強制買収権を認めていて、突出した内容となっている。佐藤案は、官設予定線を敷設するのに必要と認める場合には買収し、その費用は議会の協賛を経て公債を交付するとしていた。自由党案の場合は、そもそも私鉄の買収に関する条項がなかった。

こうした諸案の並立という状況に対し、院外の鉄道期成同盟会では、各派が自案に固執して共倒れになることを恐れ、各案を折衷して一本化することを求めていた。交通博物館に残る『第三回帝国議会提出の鉄道法案に対する鉄道期成同盟会の冀《き》望』と題するパンフレットは、以上のような院内の状勢に対して、鉄道期成同盟会としての希望を述べたものである。

そこでは、たとえば第一期線選択に関しては政府案・佐藤案よりも自由党案をよしとし、建設費や期限を明示している点では前二者を支持するとしていた。私鉄買収条項に関しては、時宜に応じて議会の協賛を経て買収するか、私鉄保護を強化して未成線を完成させることが求められている程度で、政府による強制買収条項を盛り込むことは要求していない。

以上のように、鉄道期成同盟会としては、買収よりも拡張に力点を置き、経費や期限を明確にした上で、なるべく多くの路線を建設予定線に盛り込むという方向性を示していたのである。

にしよう。

三　鉄道敷設法の成立

第三議会における衆議院での審議経過を見ていくこと

まず、五月一一日には、これら各案を一括して審査するため、一八名からなる委員会が設置された。一三日の初会合では委員長に佐藤里治が、理事には伊藤大八と箕《みの》浦勝人《うらかつんど》が選ばれていた。以後は、各案を巧みに折衷して一つの案にまとめあげる作業が続けられる。そして、委員会での審議は五月二六日に終了して鉄道敷設法案として一本化され、六月三日には本会議に報告されてくるのである。

委員会がまとめた内容を見ていこう。まず、政府の私設鉄道買収法案については、いっさいの鉄道を国有とするような必要性はないとして、全否定されている。これは、以上述べてきた第二～第三議会における衆議院の動向からも、まったく予想通りの結末と言えよう。

次に、鉄道拡張をめざす諸法案には一長一短があるとしながらも、「鉄道の完成は委員の最も熱望する所」であるがゆえに、審議を尽くした結果、一つの鉄道法案を得たと述べる。その内容は、中央線（八王子または御殿場から甲府を経て名古屋まで）、北陸線、北越線、奥羽線、山陽線（三原～下関間と海田市～呉間）、九州線（佐賀～佐世保および長崎間、熊本～三角間）の六路線を第一期線とし、総額五〇〇〇万円の公債を一〇年間募集して建設するというものであった。すでにこの段階で、政府案や佐藤案を上回る規模にふくらんでいた。

ところが、これにさらに三路線を追加しようとする動きが、続く本会議の場で持ち出されてくる。五月三〇日に関直彦（和歌山県選出）ら八名が、一二七名の賛成を得て提出してきた修正案である。これは、舞鶴線・和歌山線・山陰山陽連絡線の三線も第一期線に盛り込ませようとする内容であった。関以外の提出者の地域別内訳は、鳥取県三名、兵庫県一名、岡山県一名などであり、自己の選出地盤の関係路線を第一期線に入れようとする動きであることは明らかであった。

そして、六月三日から始まった衆議院本会議での審議において、この修正案をも組み込むように改正された上で、六日には鉄道敷設法案が可決された。

衆議院通過の報に、院外から期待をこめて注視していた鉄道期成同盟会は歓呼の声をあげた。彼らは、翌七日には芝紅葉館で祝宴をはり、佐竹作太郎・黒川九馬・今山礼造・坂井等らがこもごも立ってスピーチを行うなど、盛況をきわめていたという（『国会』一八九二年六月九日）。いずれも、第二議会期から熱心に院外活動を展開してきた者たちであった。

ただし、次に貴族院での審議が待ち受けていた。そこで鉄道期成同盟会では、今度は貴族院議員に対する請願活動を強めていく。交通博物館に所蔵されている「鉄道案に対する冀《き》望」と題する文書は、法案が貴族院に送られた時点で、鉄道期成同盟会が貴族院議員宛てに作成した請願書である。そこには、鉄道の拡張が「国家の富強」「国利民福」をもたらすことを強調し、地方的利害ではなく国家的観点から重要であることを強調して、貴族院議員の賛意を引き出しうるような文言がちりばめられていた。

貴族院では、谷干城《たてき》らの反対意見はあったものの、多数を占めるには至らず、結局六月一三日には可決された。ここに鉄道敷設法が成立することとなり、同年法律第四号として六月二一日に公布されたのである。

四　鉄道敷設法の内容

ここで、鉄道敷設法の内容をまとめておこう（図2-2参照）。

同法では、第二条にあらかじめ官設予定線をすべて列挙しておく形式をとっており、三三項もの路線が掲げられていた。これは、どの案も想定していなかった数であった。そして、そこから第一期に建設する路線を第七条に再記するのであるが、それは九路線もあり、これも、どの案よりも多い数であった。

あらためて第一期予定線の内訳を示しておけば、中央線・北陸線・北越線・奥羽線・山陽線・九州線・舞鶴線・和歌山線・陰陽連絡線である。その建設費は公債によるとされ（第四条）、第一期線建設のため総額六〇〇〇万円の公債を一二年間（一年平均五〇〇万円）にわたって募集するとされた（第九条）。建設費総額の数値に

図2－2　鉄道敷設法における予定線

おいても、政府案や佐藤案を上回るものとなっていたのである。

逆に、当初自由党案のみに含まれていた北海道の鉄道は、委員会段階で第一期線から排除され、本会議においては将来の予定線（第二条）からも削除されてしまった。したがって、北海道の鉄道の敷設については、日清戦後の時期をまって、別だての立法で着手されなければならないことになる（第6章第二節参照）。

次に、私鉄買収条項についてであるが、公布された鉄道敷設法では、官設線敷設の上で必要がある場合は政府と会社が協議して価格を定め、議会の協賛を経て買収すると規定されるにとどまっていた（第一二条）。すべての私鉄を政府

表2－1　鉄道会議議員の構成

議長	川上操六	参謀次長，陸軍中将
議員	井上　勝	鉄道庁長官
	河津祐之	逓信次官
	児玉源太郎	陸軍次官，陸軍少将
	有島　武	大蔵省国債局長
	斎藤修一郎	農商務省商工局長
	古沢　滋	逓信省郵務局長
	松本荘一郎	鉄道庁第二部長
	高橋維則	参謀本部第二局長，陸軍歩兵大佐
	有馬新一	海軍参謀部第二課長，海軍大佐
	石黒五十二	内務省土木監督署技師
	谷　干城	貴族院議員（子爵互選議員）
	堀田正養	貴族院議員（子爵互選議員），前筑豊興業鉄道社長
	川田小一郎	貴族院議員（勅選議員），日銀総裁
	小室信夫	貴族院議員（勅選議員）
	若尾逸平	貴族院議員（山梨県選出，多額納税議員）
	渡辺洪基	衆議院議員（東京府選出，国民協会），両毛鉄道社長
	村野山人	衆議院議員（兵庫県選出，実業団体），山陽鉄道副社長
	伊藤大八	衆議院議員（長野県選出，自由党）
	佐藤里治	衆議院議員（山形県選出，中央交渉部）
	箕浦勝人	衆議院議員（大分県選出，改進党）
臨時議員	中根重一	鉄道庁参事官
	山根武亮	参謀本部第一局員，陸軍工兵少佐
	山口圭蔵	参謀本部第二局員，陸軍歩兵少佐
	渋沢栄一	第一国立銀行頭取（東京商業会議所推薦）
	田村太兵衛	呉服商，大阪市参事会員（大阪商業会議所推薦）
幹事	田健治郎	逓信書記官

出所：『日本鉄道史』上篇，『日本国有鉄道百年史』第３巻，中村尚史『日本鉄道業の形成』などを参照しつつ，若干加除して作成した。

が買収するとしていた私設鉄道買収法案の趣旨は、まったく没却されてしまったのである。

そして、以上の建設予定線の決定や工費予算、私鉄買収価格など、多くの事項で議会の協賛が必要であるとされている点も重要である。議会に強い権限を付与して政府の鉄道政策をチェックする機能を保持しようとしたのは、鉄道敷設法が議会の主導のもとに形成されてきたことがもたらした必然的な結果であった。

加えて鉄道敷設法では、第一五条と第一六条に鉄道会議に関する規定を置き、鉄道工事着手の順序や公債金額などに関して諮問を受ける機関が新たに設置されることになった。

以上が鉄道敷設法の概要である。このうち鉄道会議に関しては、鉄道敷設法が公布されたのと同じ六月二一日に、勅令第五一号をもって鉄道会議規則が公布され、構成員や権限などに関する規定が明確にされていた。

それによると、鉄道会議に諮問される事項は、鉄道敷設法第一五条に掲げる事項（鉄道工事着手の順序と公債募集額）、新設鉄道の線路・設計・工費予算、私設鉄道買収の方法と順序などであった。議長一名のほか、議員定数は二〇名で、臨時議員を若干名置くことができる。議員には内務省および鉄道庁高等官四名、陸軍省および参謀本部高等官二名、大蔵省・海軍省・農商務省・逓信省高等官各一名をかならず加えることが定められていた。議長には参謀次長がつくことが定例となっていく。残る一〇名の定員枠は、貴衆両院に均等に配分することが、おおよその了解事項として存していた。

写真2-3　田村太兵衛（1850〜1923年）

出所：『大阪経済雑誌』第8年第12号。

この鉄道会議の議員構成は、表2-1のとおりである。中村尚史氏も指摘するとおり、貴衆両院から選出されてきた者の多くは、鉄道業に従事する経営者でもあった。たとえば、同年二月の総選挙で兵庫県から選出されていた村野山人の名も見えるが、彼は山陽鉄道副社長であった（コラム①参照）。前議会で鉄道敷設法の成立に尽力した佐藤里治と伊藤大八も選出されている。また、当初は実業界代表者が含まれていなかったことから、臨時議員の枠で、渋沢栄一と田村太兵衛が選出されていた（コラム②参照）。

こうして帝国議会や鉄道会議が今後の鉄道政策を強く制約していく機関として立ち現れてきたことは、長らく鉄道事業の専門家としての自負を強く持って君臨してきた井上勝鉄道庁長官としては、手かせ足かせをはめられたとしか映らなかったことであろう（前著参照）。すでに第三議会前からその進退が取りざたされていた井上勝が、実際に鉄道庁長官の職を辞するのは、翌一八九三年三月のことであった。

【参考文献】

（1）鳥海靖「鉄道敷設法制定過程における鉄道期成同盟会の圧力活動」（『東京大学教養学部人文科学紀要』四三、一九六七年）。
（2）交通博物館蔵「鉄道案に対する冀望」。
（3）石林文吉『石川百年史』（石川県公民館連合会、一九七二年）。
（4）和田洋「初期議会と鉄道問題」（『史学雑誌』八四－一〇、一九七五年）。
（5）国立公文書館蔵「公文雑纂　明治二四年　三九」。
（6）以下は主として、『長崎市議会史』記述編第一巻（一九九五年）による。
（7）たとえば、『時事新報』一八九二年五月八日・一一日・一五日。
（8）国立国会図書館憲政資料室蔵マイクロフィルム「松方家文書」六一－八。

コラム②　鉄道会議議員の田村太兵衛

鉄道会議議員は、一八九二年一〇月一日には、ひとまず議長一名、議員二〇名、臨時議員二名、幹事一名が任命された。ところが、この段階では、実業界の代表は含まれていなかった。そこで、東京商業会議所が政府に働きかけた結果、一一月八日に渋沢栄一が臨時枠で追加任命されたと、『日本国有鉄道百年史』第三巻をはじめとする多くの書物には記されている。このこと自体は誤りではないが、若干の補訂が必要である。

まず、鉄道会議に実業界代表者を加えてほしいとする要望書は、ほかにも京都・堺・熊本などの商業会議所からも寄せられていることが確認できる（前著参照）。いずれも鉄道敷設要求を打ち出している地域であることが興味深い。こうした実業界の声を受けて、政府は、東京・大阪の両商業会議所に対し、それぞれから適任者を推薦するように命じている。その推薦を受けて、東京からは渋沢栄一が、大阪からは田村太兵衛が選ばれていたのである（『東京朝日新聞』一八九二年一一月一〇日）。

田村については、『日本鉄道史』『日本国有鉄道百年史』のいずれの鉄道会議議員一覧においても、その肩書きの欄が空白であるため、多くの著書でもそれを踏襲してしまっている。この機会に付け加えておきたい。田村は、大阪の呉服商で、大阪市参事会員や大阪商業会議所副会頭などを務めており、のちの一八九八（明治三一）年には初代大阪市長に選出されることになる人物である。詳しくは、堀田暁生「初代市長田村太兵衛の選出について」（『大阪市公文書館研究紀要』九、一九九七年）を参照していただきたい。

第3章　鉄道敷設法公布の波紋

第一節　鉄道敷設法の構造と問題点

鉄道敷設法の成立は、鉄道の実現を念願して運動を展開してきた各地の有志者や請願者らを狂喜させた。とはいえ、鉄道敷設法自体に多くの問題点が含まれていたがために、手放しで喜べる状況ではなかったことも、多くの関係者が認識していた点であった。したがって、これまでの運動の継続や再構築が求められてくるのである。

各地の運動は、鉄道敷設法が定める序列のどこに位置づけられていたかによってめざすべき目標は異なり、場合によっては相互に対立を招きかねないものであった。本節では、そうした鉄道敷設法の構造と問題点についてまとめておく。あわせて、次節で具体的に取りあげる地域の位置づけをあらかじめ確認し、予告しておくことにしたい。

まず、鉄道敷設法は、今後官設にて全国に敷設すべき路線を三三項にわたって第二条に掲げておき、そこから第一期（一二年間）に建設する路線を第七条に再掲するという形式をとっていた。したがって、そもそも第二条の予定線からもれている路線については、帝国議会に対して鉄道敷設法改正を求め、自線を第二条に盛り込んでもらうことから運動を始めなければならなかった。

次に、すでに第二条には盛り込まれておりながら、第七条からはもれている路線、すなわち第二期以降の着工順位に格付けされている路線についてである。これらを第二期線と呼ぶことにする。そうした沿線地域では、いったんは第二条に掲げられて鉄道実現への期待が喚起されながらも、実際に着工されるのは第一期線の完成後、すなわち一二年以上先のことというのでは、いわば店晒し状態が続くということを意味した。したがって、ここでも帝国議会に対して法律改正を求め、自線を第一期線に昇格させようとする政治運動が生じてくるのは必然であった。そうした例は枚挙にいとまがないのであるが、次節一において福島県会津地方のケースを見ていくことにする。

ところで、第七条に掲げられた第一期線の場合も、安閑とはしておれなかった。なぜなら、一つの路線に対して複数の経路が比較線として明示されていて、早晩いずれかに経路を確定しないと着工できない路線が多かったからである。比較線の内訳は、表3-1のとおりである。中央線の場合は、甲府までの区間と諏訪から名古屋の間でそれぞれふたつのルートが盛り込まれていた。あわせて四通りの組み合わせが考えられるわけである。北越線と陰陽連絡線の場合は、三者択一という厳しい競争になっていた。

表3-1　鉄道敷設法における比較線の一覧

中央線	八王子線（八王子〜甲府）
	御殿場線（御殿場〜甲府）
	伊那線（諏訪〜飯田〜名古屋）
	木曽線（諏訪〜木曽福島〜名古屋）
北越線	直江津線（直江津〜新潟・新発田）
	豊野線（豊野〜新潟・新発田）
	上越線（前橋〜新潟・新発田）
舞鶴線	京鶴線（京都〜舞鶴）
	土鶴線（土山〜舞鶴）
和歌山線	紀泉線（大阪〜和歌山）
	大和線（高田または八木〜和歌山）
陰陽連絡線	東方線（姫路〜鳥取〜境）
	中央線（岡山〜津山〜境）
	西方線（倉敷〜境）

鉄道敷設法では、その比較線を確定する権限も帝国議会に付与されていたわけであるから、さしあたって次の第四議会では、この点の決定が急がれなければならなかった。したがって、関連する地域では、自線の採択を求めておびただしい数のパンフレットや請願書を作成し、地元選出の代議士に働きかけるなどして、熾烈な競争を展開するのである。そうした例にもこと欠かないが、次節の二と三では、和歌山県と長野県の例を通して、鉄道敷設法がそうした地方にどのような波紋をもたらしたかを見ていこう。

比較線選定とは別に、第一期線同士での着工順序をめぐる競争も引き起こされてくる。なぜなら、第一期線が九路線にもふくれあがり、一二年間の継続事業とされている以上、すべての路線に均等に予算を配分して同時に着工することは不可能であり、第一期線内部での優先順位を定めて、順に起工していく必要があったからである。したがって、晴れて第一期線に採択された地域においても、そのことで満足して運動を停止するわけにもいかず、ただちに次のステップに向けた運動を再編成していかねばならなかったのである。

第二議会以降の運動の結果、鉄道敷設法の第一期予定線に自地域までの路線を盛り込ませることに成功していた長崎市の場合も、そうした状況に置かれていた。早くも各地からの着工順序をめぐる運動が始まっていることを察知した長崎市会では、ただちに「第二の鉄道運動」と称して、新たな段階へ歩を進めることになる。一八九二(明治二五)年八月二九日の市会では、長崎線の早期着工を次期議会に要請するため、市会議員一名を上京させ、旅費と日当以外に交際費として一か月五〇円を支給することを議決していた(1)。そして、上京委員に選ばれたのは、またしても今山礼造であった。彼の奔走は、同年末の第四議会期にも続けられなければならなかったのである(↓76頁)。

以上のように、鉄道敷設法の成立は、鉄道実現運動の終着点ではなかった。運動を続けてきた各地に対し、それぞれの目標に向けたさらなる運動を継続することを余儀なくさせたのである。

第二節　鉄道誘致運動の諸相

一　福島県会津地方の鉄道誘致運動

福島県会津地方は、三島通庸《みちつね》県令の強権的な道路行政に対抗し、地元農民と自由党員が三島に対する抗争をくり広げた福島事件の舞台となった地域である。この福島事件については、自由民権運動を代表するはなばなしい抗争の局面のみに目が向けられがちであるが、一方では、運動を主導した県会議員たちも、道路建設という公共土木事業そのものには積極的であったとする研究(2)も出されてきており、地域開発とのかかわりという視点からの再検討が必要であろう。

そして、一八八〇年代後半にはいると、道路にかわって、鉄道の敷設による地域開発へと焦点が移ってくる。その一つの促進要因が、日本鉄道の開通であった。日本鉄道会社線(現・東北本線)は、すでに一八八七年末には仙台まで開通しており、福島県下の白河・郡山・福島

図３－１　岩越線関係図

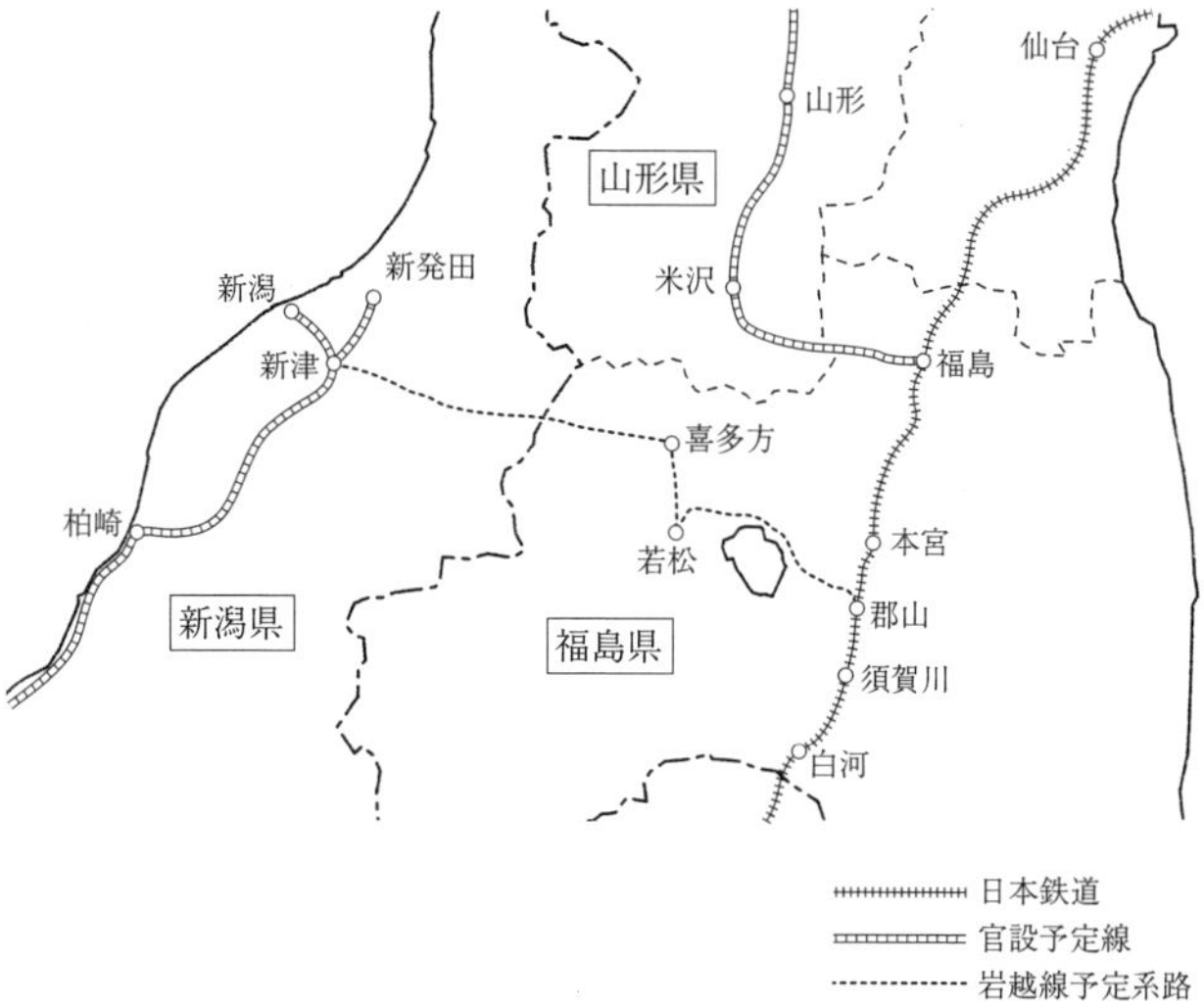

などは東京と直結する全国的幹線網に位置づけられていた。福島～上野間は、それまでは馬車で数日を要していたものが、日本鉄道の開通によって、わずか九時間一〇分で結ばれるようになったという(3)。

こうして福島県の一部が鉄道の恩恵を受けるようになったものの、同県内の会津地方はそれから取り残されていた。したがって、会津地方を日本鉄道に結びつけようとする動きがさまざまに起きてくるのである。なお、会津地方における鉄道敷設運動については田﨑公司氏の研究論文(4)があり、参考になるが、その後公開された史料も用いながら、私なりに概観していきたい（図３－１参照）。

会津地方住民が鉄道の実現を念願する経済的要因は、たとえばのちの一八九二年に福島県知事に就任し、岩越鉄道実現に向けて奔走することになる日下《くさか》義雄が、着任後初めて同地方を訪れた際、有志者が異口同音に次のように述べたと記していることからうかがい知ることができる(5)。

たとえば若松から日本鉄道沿線の郡山まで貨物を搬送する場合、距離的には東京～郡山間の四分の一にすぎないにもかかわらず、途中の道路事情が悪いため、冬期などは三～四日も費やし、数日間通行が遮断されることさえあるという。運搬費も、東京〜郡山間のほぼ二倍もかかるありさまである。このため、会津地方第一の物産である漆器や陶磁器なども、かりに大量の注文があったとしても、輸送手段が不便であることがネックとなって、その需要に応じられない。おのずから商工業者も他へ流出していき、地元経済が日々衰退していくのを傍観するしかないと嘆くのである。

もう一つ、早くからこの地域に鉄道実現への期待を呼び起こさせる要因がある。それは、陸軍の全国鉄道構想の中に見出すことができる。

この時期、日本海側の要港である新潟やその近辺の軍事都市新発田への鉄道敷設が、軍事的要請からも一つの焦点となっていた。第1章で述べたとおり、井上勝鉄道庁長官は、直江津からの信越線の延伸というルートをめざしていたわけであるが、陸軍ではこの経路が海岸線に面していて危険であるとして否定的であった。かわって陸軍が推奨するのは、日本鉄道沿線の白河もしくは郡山から分岐し、会津地方を経て新潟に抜けるルート（岩越線）であった。もしこうした軍部の意向が貫徹すれば、会津に早い時期に鉄道が実現することも夢ではなかったのである。

会津地方独自の動きとしては、一八八六（明治一九）年に北会津郡若松町（現・会津若松市）の商人らの間で私設鉄道敷設の機運が生じ、若松と郡山を結ぶ馬車鉄道敷設の計画などがもちあがっていたようである。しかし、ここでも一八九〇年恐慌の影響で私鉄計画は消滅し、以後は帝国議会に対する官設鉄道誘致運動へと方向転換が図られる。

第一議会に政府が直江津〜柏崎間の建設費予算を提出していることを知った会津地方有志らが、一八九一（明治二四）年三月三日に衆議院議長に対して「岩越鉄道敷設の請願書」を提出しているのは、そうした政治運動のさきがけであった。(6) この請願書は、直江津線をやめて岩越線を敷設することを求めたものであり、提出者は佐治《さじ》幸平・小島忠八・宇田成一ら一一名であった。そこでは、交通機関の整備による会津地方の経済的振興を求めていたことは言うまでもないが、加えて、海上から攻撃されやすい直江津線は軍用鉄道の役割を果たさないと批判するなど、軍部の主張をたくみに取りこんだ論理を展開していた。

第一議会終了後の同年四月には、北会津・南会津・耶《や》麻《ま》・大沼・河沼のいわゆる会津五郡において、岩越鉄道期成会が結成されている。そして、「輓近《ばんきん》我会津地方の一大問題なる岩越鉄道敷設之件及地価問題等は、実に我が地方直接の利害に重大の関係ある事件」なので、五郡が一致した運動をとることを申し合わせていた(7)。この地域では、鉄道の実現は、地価修正問題とならぶ「一大問題」となっていたのである。

しかし、ここに政党間の対立関係が持ちこまれ、会津地方での鉄道誘致運動はしばらく混乱をきわめることになってしまう。

帝国議会開設前後のこの時期、会津地方では会津協会と称する政治団体が有力であった。同会は、第一回衆議院議員総選挙に際し、かつての民権運動指導者であった山口千代作と三浦信六を福島県第四区（会津五郡。定員二名）から当選させていた。両者は中央政界ではそろって吏党の大成会に所属しており、会津協会は吏党色が強い団体であった。以後も福島県第四区では、山口や佐治幸平、あるいは東海散士のペンネームで政治小説『佳人之奇遇』などを書いて有名であった柴四朗らが当選し、自由党は敗北を続けていたのである。

会津選出代議士らは、地元の鉄道敷設要求を議会に反映させる活動を積極的に展開していた。たとえば、第三議会が召集されてまもない一八九二年五月八日に、山口千代作は「会津人士に告《つぐ》」と題する文書(8)を岩越鉄道敷設請願事務所に宛てて送り、第三議会における鉄道敷設法成立に向けた見通しを報告するとともに、自己の信念を表明していた。

その文書では、まず山形県の佐藤里治らが奥羽線を含む鉄道拡張法案を提出するため、自分らにも賛成を求めてきたことが述べられている。そして、佐藤案に不服だが、かといって岩越線には自分と柴四朗以外に同調者がはなはだ少なく、おそらく佐藤案が成立するだろうと観測していた。そして、なんとか岩越線をその法案の第一期線中に組み入れようと日夜苦心しており、「小生の精神たる、素《もと》より地方の利益の為には、一身を犠牲に供するの覚悟に付、倒るる迄尽力致し候心得に候」との強い決意を述べていたのである。奥羽線が実現してしまうと、今度は山形県下の米沢から新発田・新潟へ結ぶルートが現実性を増してくるであろうし、そうなれば、会津地方は完全に鉄道網から取り残されてしまうという危機感が強まっていた。そうした地元の利益のために、一身を犠牲にするという覚悟を表明していたのである。

結局のところ、この第三議会で成立した鉄道敷設法において、岩越線は第二条に掲げられはしたものの、第七条の第一期線に組み込まれることはなかった。しかも、第二条においては、新発田～米沢間もしくは新津～若松～白河（本宮）間という二つのルートのうち一つを建設するという比較線の形で盛りこまれていたにすぎなかったのである。まずは、第二期線内での比較線選定競争に勝たなければならないという、鉄道敷設法におけるきわめて低い序列のもとに置かれてしまったわけである。

ところで、吏党系の会津協会を中心とした鉄道誘致運動に、会津自由党も割って入る動きを示す。自由党のこうした動向は、警察機構を通してたえずその動きを探知していた福島県庁も関心を寄せていた点であり、福島県歴史資料館に残る県庁文書（ただし、「庄司家寄託文書」中に残されている「内務省上申報告綴」「福島県下民会状況」と題する簿冊）から豊富な事実を得ることができる。ここでも、当時の警察情報が良質な史料となる。

それによれば、会津自由党では、一八九二年二月の第二回衆議院議員総選挙においても、安瀬敬蔵・大堀（野沢）鶏一が山口千代作・柴四朗の前に苦杯を喫し、議席が取れていなかった。そこで、劣勢の挽回をはかるため、同年八月九日から一二日にかけて、自由党中央の有力者で衆議院議長でもある星亨《とおる》らを招いて、喜多方町・坂《ばん》下《げ》町などで演説会を開いていた。星亨の威光を借りて、同地方が希求する鉄道の実現への見通しをつけ、会津自由党への支持を取りつけようとする狙いがこめられていたと、警察情報には記されていた。

そうした地元党員の思惑が事前に吹きこまれていたのであろう。星もまた、「国会論」と題する演説を行いながらも、その末尾で、柴・山口の両代議士を「政府の提《ちょう》灯《ちん》持《もち》」などと揶《や》揄《ゆ》し、両代議士にかえて自由党員を選出したならば、地元が熱心に運動している会津地方への鉄道敷設も、容易に目的を達するだろうと述べて、暗に自由党の力で鉄道の実現が可能であるかのように吹聴していたのである。

　このほか北会津警察署長からも、星が衆議院議長の地位にありながら、党勢拡張のため、公開演説において当地限りの問題である鉄道論に言及したことで、会津自由党は大いに気勢をあげたという機密報告書を送ってきている。その報告によれば、会津自由党の安瀬敬蔵らの言い分は、以下のようであったという。公布されたばかりの鉄道敷設法を、政府自身によって改正させるのは不可能である。よって、まずは改正要求を自由党の党議とするよう提案し、党がこれを可決すれば自由党提出法案として衆議院に提出する。これには、安瀬や河野広中らが必死の運動をするであろう、と。

　星の遊説で勢いづいた安瀬らは、同年一〇月二二日に、岩越鉄道期成を目的とした会津親民会なる団体を結成していた。結成大会を臨検していたと思われる警部によって、会合者は三一三名であるというように、実に細かい数値まで把握され、報告されているのは驚きである。

　他方、吏党系の会津協会もまた、鉄道期成を目的とした会津公友会と称する団体を立ち上げていたので、ここに目的は同じくしながらも、民党と吏党とに政党色をくっきり分けた二つの運動団体が競合することになってしまった。ただし、当初は会津公友会では、奥羽線が開通したのちに、米沢と会津とを結ぶというルートでの鉄道実現をめざしていたようである。

　こうした運動団体の分立という状況は、日下義雄知事の目にもとまっていた。日下はもともと会津藩の出身で、戊辰戦争に佐幕派として参戦した経歴をもつ。しかし、その後は長州藩閥有力者の井上馨に認められて明治政府高官にとり立てられ、長崎県知事などを経て、一八九二年八月に福島県知事に着任していた人物である。その日下が、井上馨に宛てた同年一一月九日付けの手紙(9)において、会津地方で起きている鉄道誘致運動の模様を伝えていた。長文になるので、現代語で文意を記していく。

　会津に交〔公〕友会と親民会の二派があって鉄道要求にしのぎをけずっています。交友会は会津地方と米沢を結ぶ

写真3-1　日下義雄（1851～1923年）

出所：『日下義雄伝』。

路線を願っていたようですが、技師の踏査によって困難であると判明したので、岩越線ルートへと希望を切り替えました。そこで、自分が巡回のついでに会津五郡の両派のおもだった者を招いて、政治上の問題と地方問題とは別だと説き、岩越線を第一期に組み入れるのが最優先課題である以上、政派の別を問わず、一致して運動すべきだと諭しました。しかし、自由党の連中は、「かつて星亨が来遊した際、他派をまじえず、自由党系のみで請願書を出せば、党議として衆議院に出し、尽力するとの内話を得ているので、他派と協調して請願運動をすることなどできない」と言っています。星がそうした発言をしたのかどうか自分は知りませんが、地元住民はそのように言っており、一致した運動は難しいようです。

鉄道敷設法の構造に照らすならば、日下知事も言うように、会津地方の目標は明らかであった。次の第四議会で鉄道敷設法を改正し、第二期にすえ置かれている岩越線を、第一期に昇格させることである。日下知事は正確には把握していなかったようであるが、先に確認したとおり、星亨もたしかにそうした可能性をほのめかす発言をしていた。まもなく開かれる第四議会に向けて、会津自由党からは安瀬敬蔵が上京していくことになる。彼がそこでどのような動きを示すかは、のちに確認することにしよう（→85頁）。あわせて、会津地方選出のふたりの代議士山口千代作・柴四朗の衆議院内における行動も、のちに見ることにしたい（→79頁）。

なお、これまでは、福島県内において鉄道網から取り残されてしまった地域として会津地方の運動を見てきたわけであるが、ほかに、日本鉄道が開通してその恩恵を受けることになった地域においても、さらなる鉄道要求が起きてくることにもふれておきたい。

たとえば、日本鉄道沿線上にある福島町（現・福島市）においても福島町鉄道期成会が結成されており、一八九二年一一月七日には河野広中・鈴木万次郎・安部井磐根《いわね》・小笠原貞信の四代議士（いずれも福島県選出）が出席して懇談会が行われていた。同町の要求は、鉄道敷設法の官設第一期線として建設されることになった奥羽線の起点を、福島駅にしてもらいたいとするものであり、出席代議士らも会の趣旨にはいささかも異存がないので、微力ながら第四議会において尽力する旨を約していた（前掲「内務省上申報告綴」）。

ほかに、岩越線の起点の誘致を求める運動も起きている。そもそも鉄道敷設法第二条の岩越線に関する条文は、日本鉄道のどの駅を起点にするかという点に関しては、「白河・本宮近傍」というあいまいな表現でしかなかった。鉄道敷設法には、こうした規定が実に多い。このため、日本鉄道沿線の各町においては、北から順に、本宮《もとみや》・郡山・須賀川・白河の四か所で、起点を求める誘致運動が起きていた。

以上のように、日本鉄道沿線の各町では、鉄道開通の恩恵を受けたことで満足するにとどまらず、奥羽線や岩越線の分岐点となり、山形・秋田地方や会津地方の物資を日本鉄道にのせかえる集散地となって発展することを期して、競合しあっていたのである。

鉄道誘致運動は、鉄道網から取り残された地域だけではなく、起点にあたる側からも起こされてくるのである。この論点は、のちの第6章第一節でもあらためて展開する。

二　和歌山県の比較線選定競争

次に、鉄道敷設法の公布によって、会津地方などとはまた異なる問題に直面し、政派の争いがからんできて、やはり混迷を深めていた地域の例として、和歌山県北部地方を取りあげることにしたい[10]（図3－2参照）。

和歌山県政は、陸奥宗光の存在を抜きにしては語れない。陸奥は、徳川御三家の一つ和歌山藩の藩士出身でありながらも、刻苦の末、いまや藩閥勢力の一員としての

図3-2　和歌山線の比較線関係図

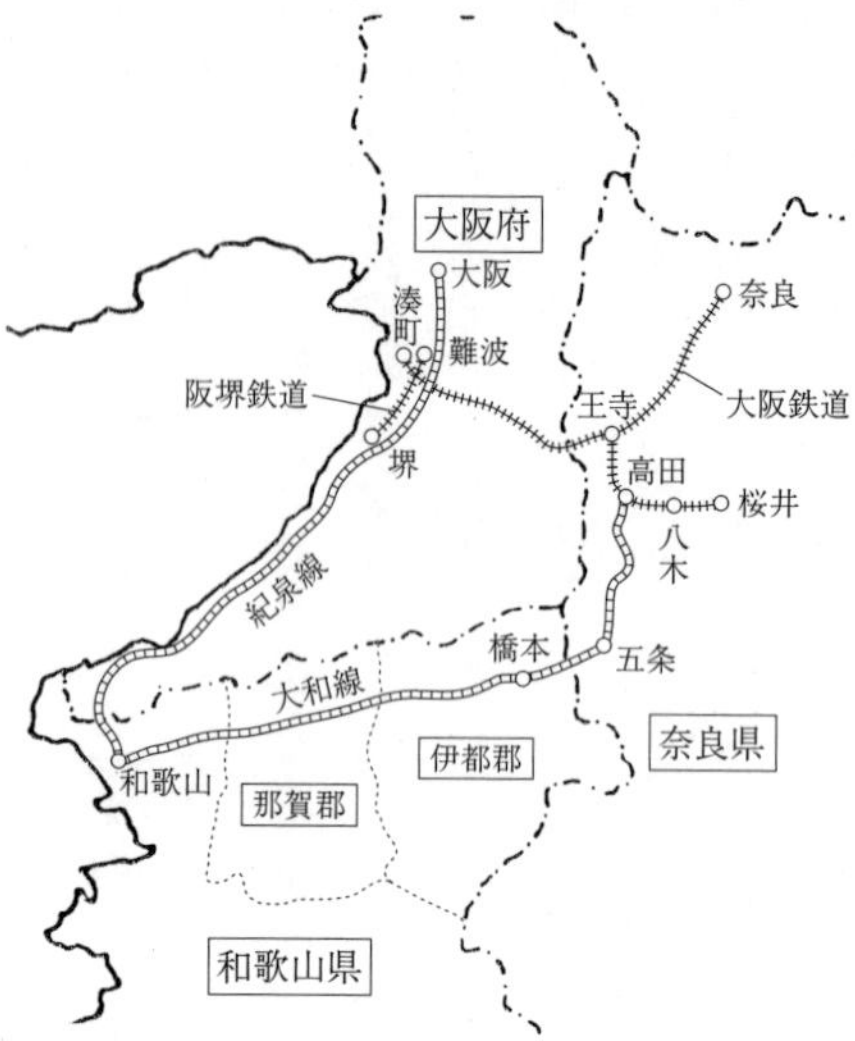

位置を中央政界において固めつつあった。一八八七年頃に藩閥有力者の井上馨が、民権派に対抗するための地方基盤を確保しようとして自治党と称する政党の結成をめざした際、陸奥もそれに呼応して、地元の和歌山県において政治団体の結成を促した。その中心となったのは、那賀《なが》郡の素封家である児玉仲児《ちゅうじ》である。こうして那賀郡や隣接する伊都《いと》郡においては、陸奥派と称される勢力が優勢となっていった。

他方、同じく那賀郡の素封家でありながらも、自由民権運動の流れを強く保ち続けた中西光《みつ》三郎や千田《せんだ》軍之助らは、帝国議会開設後も中央の自由党との結びつきを強め、県内において自由派と呼ばれる勢力を築いていく。陸奥派と自由派の出身階層や政見などに目立った差異や特徴は認められず、陸奥宗光との親疎の差がそのまま二つの政治勢力を地域に生み出したというのが実情のようである。郡部を中心にこうした政派間の対立が顕著になっていく中で、和歌山市の商工業者らは、なるべく両派の政治対立からは距離を置こうとしていた。

さて、第三議会での鉄道敷設法の成立過程においては、最後の衆議院本会議の段階で、和歌山県第一区（和歌山市、海部《あま》・名草《なくさ》・有田郡）選出の関直彦（陸奥派）らの修正案が組み込まれた結果、第一期予定線に和歌山線も加えられることとなった。ただし、そこには、大阪と和歌山を結ぶルート（以下、紀泉線と呼ぶ）と、奈良県下の高田または八木から和歌山を結ぶルート（以下、大和線と呼ぶ）が比較線の形で併記されていた。

大和線が実現した場合、那賀郡や伊都郡がその経路となることから、陸奥派ではただちに大和線の支持を打ち出した。他方、和歌山市の商工業者らは、大阪との直結路線となるメリットを求めて、紀泉線の実現を願っていた。

こうした情勢を受けて、第四議会期にあたる一八九三(明治二六)年二月に、「自由党員は鉄道布設問題を利用し、之を以て党勢を挽回し、陸奥派に対する多年の宿怨を霽《はら》さんとの企望にて、和歌山有志者と相提携して、紀泉鉄道布設の運動に従事」することになった。こう記すのは、「政党沿革誌」と題された史料である。これは、当時の警察関係者が、内部文書も利用しつつ、県下の政党の沿革を詳細にまとめた資料的価値の高い記録である。以下も、この記録(11)によりながら、和歌山県における鉄道問題の動向を見ていこう。

和歌山県の自由派では、第四議会に向けて、大田信一《だいいた》・谷口良一・吉村英徵らを上京させていた。中央の自由党に対して、紀泉線実現に向けて動いてくれるよう交渉するためであったという。ただし、和歌山県選出の五名の代議士はすべて陸奥派によって占められていて、自由党員はいなかった。このため、同じ近畿地方の兵庫県から選出されていた自由党代議士の石田貫之助に面会して尽力を依頼した。石田は、和歌山市全部、あるいはそれが無理なら少なくとも和歌山市から一五〇名を自由党に加入させれば、自由党の党議を紀泉線賛成の方向にもっていくことができるであろうと語ったようである。そこで、いったん一八九三年二月一日に帰県した谷口は、ただちに和歌山市会議長の森懋《つとむ》にその話を持ちかけた。森は、市内有力者らが自由党に公然と入党することには難色を示しながらも、将来自由党と提携して運動することには異論はないと答えた。

そのうちに、滞京中だった大田信一らが二月一一日にあわてて帰県し、第四議会の情勢が紀泉線に不利である(83頁)ことを伝えた。大和線実現のために運動している奈良県の桜井徳太郎らの活動が機敏であるため、自由党代議士中で最初は紀泉線を支持していた者でも、大和線支持にまわる者がおり、運動のてこ入れが必要だというのである。

和歌山県自由派と和歌山市関係者は、この報告にすっかり動転した。森懋議長が、場合によってはみずから公然と自由党に加盟してもよいという決心を固めつつ、二月一二日に上京する。続いて自由派の中心人物中西光三郎も上京しようとした。ところが、ここで一つ問題が生じる。伊都郡自由党員の中から、中西が那賀郡に居住しながら紀泉線のために運動することを詰問する者が出たのである。中西は、いま伊都郡の人望をなくすと、政治的立脚地を失うおそれがあるとして大いに躊躇《ちゅうちょ》し、ついに上京を断念した。かわって、千田軍之助と大田信一が、二月一四日に上京することになった。こうして上京していった森懋や大田信一らの動きについても、のちに確認することにしよう（↓85頁）。

以上の経緯から、鉄道問題と地方政治家に関するいくつかの論点が導きだせるであろう。

第一に、比較線を併記したまま成立した鉄道敷設法のあいまいさが、二地域に分かれて競合しあう状況を生み落としてしまっていたことである。

第二に、和歌山県では、この地域間対立に政派間対立がからみあってしまう結果になったことである。大和線を支持する陸奥派に対抗して、和歌山市に勢力を扶植しようとする政治的意図のもと、自由派は紀泉線実現を目的とした運動を開始していたのである。

第三に、さらに細かく見ていくと、そうした自由派の内部にも、今度は地域間対立が持ち込まれていることにも気がつくであろう。つまり、自由派が一丸となって紀泉線支持の方向で動こうとしても、大和線沿線に位置する伊都郡・那賀郡の自由党員はそれに抵抗を示し、中西光三郎が地元のそうした意向に拘束されて活動できなくなっていたのである。政派間の利害と地域的利害とが入り混じって、事態を複雑にしていたのである。

ところで、右の第三点目は捨象し、おおむね和歌山県内の勢力配置を、陸奥派＝大和線、自由派＝紀泉線と単純化したとしても、今度は奈良県にまで視野をひろげてみると、またしても複雑な状況に直面してしまうことになる。次にこの点について述べていこう。

奈良県から上京して大和線実現に向けて最も熱心に活動しているのは、先に大田信一がもたらした報告にも述べられていたとおり、桜井徳太郎という人物であった。

宇智《うち》郡五条村（現・五条市）の裕福な搾油商の家に生まれた桜井は、早くから板垣退助らとともに自由民権運動にかかわり、大阪事件によって投獄された経験もある。第一回総選挙では奈良県第三区から衆議院議員に当選しているなど、著名な自由党員であった[12]。そして、たとえば一八九二年一二月に『第五回鉄道同志会席に於て和歌山線路比較線に対する意見』と題するパンフレットを作成し、広く配布するなど、大和線実現に向けて熱心に活動していた。ついでに言えば、同年一一月三〇日付けで奈良県会議長堀内忠司《ちゅうじ》が内務大臣に宛てて大和線採択を求めた建議書を提出しているが[13]、堀内もまた、桜井同様に第一回総選挙時に自由党から出て当選していた人物であった。このように、奈良県側では自由党員が先頭となり、県をあげて大和線の採択に向けて動いていたのである。

したがって、大和線実現という一点に関しては、和歌山県の陸奥派と奈良県の自由党の利害は一致していた。逆に、和歌山県自由派と奈良県自由党とは対立関係に立ってしまうというねじれ現象が生じていたのである。こうした地域利害が、対立関係を内包したまま中央の自由党に持ち込まれてきたような場合、その調整はきわめて困難になることは容易に想像がつくであろう。

三　長野県の比較線選定競争

同様に、比較線選定競争が激しくなった地域として、中央線の経路をめぐって伊那線と木曽線との対立が先鋭化した長野県の状況を見ておくことにしよう[14]（図3－3参照）。

かつて政府が中山道鉄道敷設を計画していた一八八〇年代から、その経路をめぐっては、伊那谷と木曽谷とが誘致合戦を展開していたことは第1章で述べた。官設鉄道として第一期に中央線を建設することをあらためて定めた一八九二年の鉄道敷設法においても、諏訪から名古屋の間は、「伊那郡若《もしく》は西筑摩郡より愛知県下名古屋に至る鉄道」と記されているのみで、経路の確定は先送りされていた。このことが、両ルート沿線に、熾烈な誘致運動を再び起こさせる要因になるのである。

まず伊那地方では、鉄道敷設法が成立した第三議会期

図3-3　中央線の比較線関係図

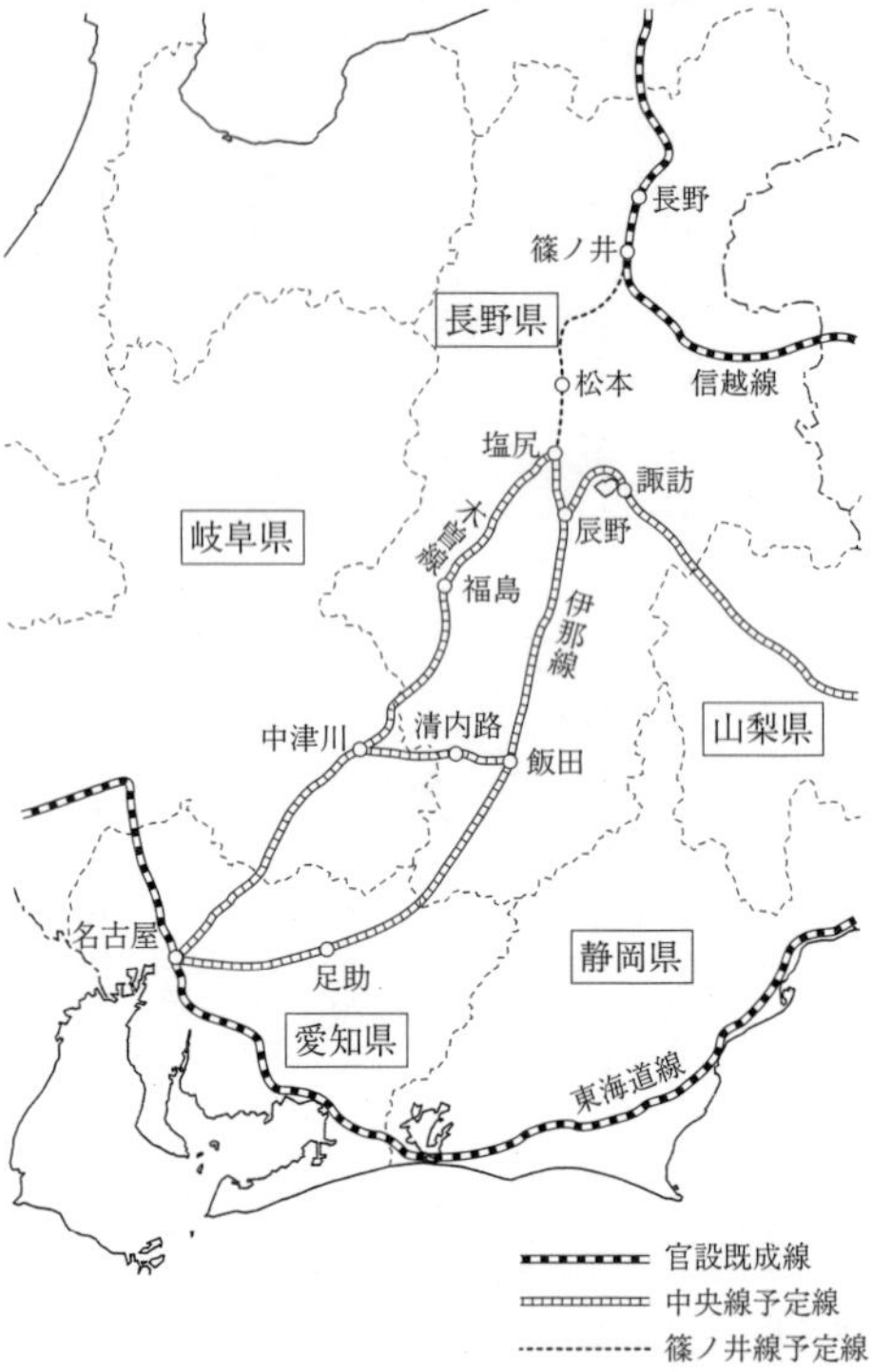

から、来たる比較線選定競争に勝ち抜くことをめざした動きを始めていた。鉄道敷設法案が衆議院を通過し、貴族院でまだ審議中であった一八九二年六月九日に、ちょうど開催中であった下伊那郡の臨時郡会において、一つの建議案が提出されて可決されていた(15)のは、そのうちでも早い動きである。それは、鉄道調査費として郡債二〇〇〇円を発行して技師を雇い、伊那谷を通過する良路線を発見させて、自地域への鉄道誘致を有利にしようとする内容であった。公費を鉄道誘致活動に振り向けようとするこの決定は、まもなく浅田徳則知事によって郡会の権限を越えたものと判断され、執行停止が命じられることになるが、ともあれ、この例からは、公費と鉄道誘致運動との危うい関係が垣間見られるであろう。

続いて、第四議会開会中の一八九三年二月六日には、伊藤大八・中村弥六両代議士や、下伊那郡飯田町（現・飯田市）において漆器業を営む資産家の伊原五郎兵衛《ごろべえ》らを中心に、伊那谷通過期成同盟会が結成されている。すでに本書でたびたび登場した伊藤大八は、下伊那郡からなる長野県第七区の選出議員、中村弥六は、第六区（上伊那郡・諏訪郡）において、第一回総選挙時から七期連続当選を果たすことになる人物である。

一方、伊那線が採択された場合には、松本を中心とし

写真3-2　第1回長野県選出の貴衆両院議員

前列向かって左から中村弥六，小里頼永，ひとりおいて伊藤大八。
出所：『長野県政党史』上巻。

た東筑摩郡や、木曽谷を含む西筑摩郡は鉄道網から取り残されることとなる。そうなると、ほとんど永久の死活に関する問題であるとして、木曽谷の町村では、岐阜県中津川・多治見方面の関係者とも連絡をとりつつ、同様に激しい誘致運動が展開される。

福島町を中心とする西筑摩郡の運動に関しては、『木曽福島町史』第三巻（一九八三年）に詳細な運動経過が記されていて、興味深い事実をたくさん知ることができる。

まず、第四議会開会を前にした一八九二年一一月には、木曽線採択の請願活動のため、同郡選出県会議員の大沢紋一郎や宮下虎三・松原熊五郎らが上京していった。同月一三日付けの大沢の手紙は、議会の開期が切迫し、「鉄道比較線に付、各地より委員出京して東奔西走、運動益々盛んにして、一寸一時も苒荏《ぜんじん》（＝のんびりする）の時にあらず」と、当時の東京での緊迫した雰囲気を伝えてきている。また、一一月一七日には『中央鉄道西筑摩線布設の趣意書』と題するパンフレットを発行している（『明治期鉄道史資料』第二期第二集第二八巻に収録）。発行人は、上京委員のひとり松原熊五郎であった。

ところで、伊那側では伊藤大八・中村弥六の二名の代議士を擁するのに対し、木曽谷出身の代議士はいなかった。そこで木曽の運動者らは、政治的うしろ盾を、同県選出の自由党代議士である立川雲平《たつかわうんぺい》に求めていく。立川は、第五区（南佐久郡・北佐久郡）選出であるため、この比較線選定には直接の利害関係はなかった。

前掲『木曽福島町史』は、立川のもとを訪れて依頼を試みた人物の回顧談をのせている。それによれば、立川は木曽谷運動者らの依頼を快く承諾してくれた。ところが、その一方で立川は、前回総選挙時に運動費として高利貸から借り受けていた三〇〇円の返済を迫られているという。そこで、その返済を木曽の運動者らに肩代わりしてくれないかと持ちかけてきたのである。運動者側でも、議会活動に尽力してもらうためには、この要求を受諾するほかないと考え、借金を返済してやった。また、敵情視察と称して伊那谷の飯田町をひそかに訪れた際には、遊廓に出かけた立川の遊興費まで肩代わりさせられる羽目に陥っていたという。政治家の無節操ぶりは、なにも今に始まったことではないようである。こうまでして支援を頼み込んだ立川の働きぶりはどうであっただろうか、これものちに確認することにしよう（→81頁）。

他方、松本を中心とする東筑摩郡でも、木曽谷の町村と連携しつつ、鉄道実現に向けた運動を展開していた。ここでの中心は、前代議士小里《おり》頼永《よりなが》（自由党）と、第二回総選挙で当選していた現職で吏党系の窪田畔夫《くろお》らである。彼らはともに大半の期間は在京して運動を続けていたようである。松本出身の在京者黒川九馬もこれに加わっていた。上京した者たちは、小里が滞在していた旅館に合宿し、昼夜をとわず、政府や政党、鉄道会議などに陳情をくりかえしたという。また、郡内での運動費の募集は、中村太八郎があたっていた(16)。中村は、のちに普通選挙運動の生みの親とも呼ばれることになる人物である。

なお、松本近辺では、中央予定線のうち木曽線の採択を求めていく運動のほかに、篠ノ井線（篠ノ井～塩尻間）の実現を勝ち取ろうとする運動も並存していた。木曽経由での中央線が完成しただけでは、松本には鉄道が達しないからである。そこで、篠ノ井線が信越線と中央線とを結びつける重要線である点を強調し、第二期に置かれているこの路線の昇格を狙う要求が強まっていたのである。その論者は、中央東線計画は破棄し、篠ノ井線と中央西線（木曽線）とを第一期線として着工させるという要求さえ提唱していたようである(17)。

そうしたヴァリエーションをはらみつつも、伊那谷と木曽谷との比較線選定競争は、第四議会に向けてエスカレートしていく。両派が多量に発行したパンフレットにおいては、自線のメリットを強調し、というより、むしろ相手方のデメリットを攻撃することにかなりのページ数を費やして、応酬をくり広げた。

伊那側では、木曽谷の地形的特質から積雪が多いのに対し、伊那谷は平坦で温暖であり、積雪によって交通が遮断される心配がないと述べたり、沿線の戸数や生産額などの数値において大いに優位であることなどを強調していた。一方の木曽側のセールスポイントは、名古屋までの路線延長が伊那線に比べて短く、勾配も比較的緩やかなので、工事が容易かつ安価であり、したがって軍事輸送にも有利であることや、帝室御料地を擁することなどであった。

そうした双方の主張の当否はさておき、ここでも政治的にはきわめて複雑な状況が生じていたことに注意を払っておきたい。すなわち、長野県内の自由党員という立場でありながら、伊那出身の伊藤大八と、木曽陣営の小里頼永・立川雲平などとの間には対立関係が生じていたのである。逆に、たとえば自由党の小里と吏党系の窪田畔夫との間には、党派の違いを超えて木曽線を支援するという点では連帯行動がとられていたわけである。

こうした対立が、全国各地から中央の自由党に持ち込まれた場合、どのような事態に直面するであろうか。次章で確認することにしたい。

【参考文献】

(1)『長崎市議会史』記述編第一巻（一九九五年）二〇五頁。
(2) 長妻廣至「福島事件再考」（高村直助編『道と川の近代』山川出版社、一九九六年）。
(3) 大石嘉一郎編『福島県の百年』（山川出版社、一九九二年）一〇二頁。
(4) 田﨑公司「明治後期における地域振興策」（『東京大学経済学研究』三六、一九九三年）。
(5) 中村孝也『日下義雄伝』（一九二八年）一九九頁。
(6)『喜多方市史』第六巻㊤（二〇〇〇年）七三一頁。
(7) 同前、七三五頁。
(8)『会津若松史』第一〇巻（一九六七年）二九七頁。
(9) 国立国会図書館憲政資料室蔵「井上馨関係文書」。

(10) 以下は、伊藤之雄『立憲国家の確立と伊藤博文』(吉川弘文館、一九九九年)第二部も参照している。
(11) 『和歌山市史』第八巻(一九七九年)に収録。
(12) 『新修　五条市史』(一九八七年)一三二四頁。
(13) 交通博物館蔵「逓信省公文書」第二巻。
(14) 以下、ことわりのない限り、『長野県政史』第一巻(一九七一年)による。
(15) 『長野県下伊那郡制志』(一九二三年)五三頁。
(16) 『松本市史』下巻(一九三三年)二一二頁。
(17) 『松本親睦会雑誌』七二(一八九二年八月)一九頁。

コラム③　鉄道誘致運動と刊行物

本文中で、奈良県の桜井徳太郎が大和線を宣伝するために発行したパンフレットのことを紹介した。実はこの時期の各地の鉄道運動団体は、それぞれにおびただしい数のパンフレットを発行し、自線のメリットを強調する活動を展開していた。紀泉線側でも、その点では負けてはいない。たとえば、和歌山市の西端寛司によって『和歌山鉄道和泉線を可とするの意見書』と題する三七頁にもおよぶ堂々とした意見書が一八九三年一月に発行されていたのである。

これらはほんの一例であり、国立国会図書館や交通博物館において多数見ることのできる明治期の鉄道関係の刊行物は、そのかなりの部分が、鉄道敷設法における比較線の選定を前にしたこの時期に、集中的に作成されてきたものなのである。そのうち、中央線・舞鶴線・陰陽連絡線に関するいくつかの出版物が、『明治期鉄道史資料』第二期第二八巻に収録されて利用しやすくなっている。

こうした刊行物は、大量に印刷され、貴衆両院議員や鉄道会議関係者らに配布されたものと思われる。したがって、この時期の政治家が残した文書群の中から大量に発見されることも多い。

東京大学大学院法学政治学研究科附属近代日本法政史料センターが所蔵する「都崎秀太郎関係文書」もその一例である。改進党所属の都崎《つざき》秀太郎は、一八九二年二月の第二回総選挙に香川県から当選して、衆議院議員を一期だけ務めた人物である。そうした人物のもとにも、全国の比較線沿線関係者からのパンフレットが多数送りつけられ、保存されているのを発見して、驚いた経験がある。桜井徳太郎の前記の意見書も、しっかり届けられていた。

しかし、なんといっても圧巻は、防衛庁防衛研究所図書館が所蔵する陸軍省の文書であろう。同館では、「密大日記」などの陸軍省の公文書を所蔵しているのであるが、その中に、「鉄道布設に関する請願及意見書」「鉄道会議等に関する書類」などと題された数点の鉄道関係の簿冊が含まれている。これは、陸軍省から鉄道会議に出ている議員（おそらく児玉源太郎）が、会議の席上配布された資料や陳情団から手渡された請願書などを持ち帰り、几帳面にすべて綴って保存してきたものと思われる。その分量は膨大であるうえ、この簿冊でしか見ることのできない請願書などもあって、有益である。

　こうした史料の山に接していると、この時期の関係地方住民が鉄道誘致にかけたエネルギーは莫大なものであったことが、ひしひしと伝わってくる。

第4章　混乱する鉄道論議

第一節　第四議会の混乱

一　鉄道期成同盟会の活動

本章では、引き続き地方社会の動向や各地からの請願者らの活動に視点をすえながら、第四議会期から第六議会期までの動向を描いていくことにしたい。

まずは、院外の鉄道期成同盟会である。鉄道敷設法公布後の新たな状況を受けて、同会では、第四議会を前にした一八九二年九月頃には活動を再開していた。結成当初から福井県の鉄道実現のために奔走してきた林藤五郎は、在京中だった牧野伸顕知事に宛てて、同年九月一一日に手紙を出し、鉄道期成同盟会の動向を報告していた(1)。第四議会前の同会の動きがよくわかる史料である。長文の上、読みづらい候《そうろう》文なので、現代語に意訳して紹介したい。

今日東京の佐藤里治・黒川九馬から手紙が届き、次のように言ってきました。「第一期線はそれぞれ実測に取り掛かっている最中ですが、いまだに鉄道会議は組織に至らず、したがって私鉄の処分、公債募集等の準備、鉄道事業費予算提出の用意等、ひとつも調査に及んでいません。このままでは実測は終ったにしても、当期議会で鉄道法実施の件はいかなる結果になるか、痛心にたえません。当局大臣はじめ有力大臣に詳しく話したいのですが、とかくその機会を得ません」と。ついては、私にも上京を促してきた次第です。

これに続けて林は、今は自分は上京できないという事情を記し、牧野知事に対して、佐藤・黒川らの活動を手助けしてやってほしいと懇願している。当時の逓信大臣である黒田清隆と牧野知事とは、同じ薩摩出身者であることを見越して依頼していたのであろう。そして、次のような鉄道期成同盟会の内情にも書き及んでいる。

昨年以来同盟会において尽力してきました長崎の今山礼造、山梨の佐竹作太郎両氏も右の手紙を受けて当然上京してくるはずとのことです。両氏は、昨年来私どもといっしょに尽力してくれた人物ですので、お暇の際にはお会いくださいますようお願い申上げます。

以上のように、第二議会以来の鉄道期成同盟会による院外活動を通して、在京の黒川らを中心として、林・今山・佐竹といった各地の運動者の間にネットワークが構築されていた。そして彼らは、活用できそうな人脈をフルに活かして、次期議会での鉄道事業実施の決定に向けた圧力活動を強化しようとしていたのである。

鉄道期成同盟会では、一〇月二九日に大会を開き、各県上京委員ら五〇余名が会合して今後の活動方針の大綱を定めていた（『国会』一八九二年一一月一日）。

その第一には、鉄道敷設法の擁護を大目標とし、小異のために大同の目的を妨げないようにすることが掲げられていた。さしあたり、鉄道敷設法がもたらす小さな対立には目をつむり、同法の本旨である鉄道拡張事業の推進をしっかりあと押ししようというのである。したがって、第二の目標として、鉄道敷設法変更説に対して防備を講ずることがあげられていた。次期議会には鉄道敷設法の修正を求める勢力が出てきそうなことを敏感に察知し、それに対抗していくことも申し合わせていたのである。

さて、先の林藤五郎の手紙にも記されていたとおり、今後の鉄道政策の推進にあたっては、まずは鉄道会議における審議が始まっていなければならなかった。しかし、第四議会が召集されてからも、なおその気配がなかった。そのため鉄道期成同盟会では、第四議会開会日である一一月二九日に、伊藤博文首相に対して上申書(2)を提出していた。これには、長崎の今山礼造を筆頭に、鉄道期成同盟会理事に選ばれた二三名がそろって署名捺印していた。

その上申書では、まず、「各府県有志総代期せずして都下に集まるもの百余、爰《ここ》に鉄道期成同盟会を組織し、鉄道会議の開会を待つ事日既に久し」と述べ、続けて、第四議会が召集されたものの、これに提出する鉄道関係議案の準備が遅れていて、鉄道会議への諮問さえ行われていないことに対し、厳しく政府批判が展開されていたのである。

二　鉄道同志会と鉄道敷設法修正同盟会

以上のような院外団体の活動強化に呼応して、院内の代議士らの対応も早かった。一八九二年九月二八日には、政府の鉄道関係議案の準備が遅れていることを批判し、また、鉄道敷設法を変更しようとする動きがあることを警戒して、鉄道敷設法にもとづく建設事業の推進を求めていこうとする議員団体が結成されてきたのである。鉄道同志会である。この日の会合には、鉄道期成同盟会理事の黒川九馬も参加し、以後は院の内外で力をあわせて尽力していくことを申し合わせていた（『国会』一八九二年九月二九日）。

鉄道同志会を立ちあげていたのは、本書ではすっかりおなじみになった佐藤里治・伊藤大八らであった。ほかに、立石岐・坂田丈平・加藤平四郎（以上、岡山県）、工藤行幹・菊池九郎（以上、青森県）、岡精逸（兵庫県）、牧朴真（長崎県）、薬袋義一（山梨県）、斎藤良輔（山形県）、千葉胤昌（宮城県）、大垣兵次（石川県）らの衆議院議員の名が見える。

鉄道同志会では、各地から上京してくる陳情者を招いて、意見聴取する場を設けていた。たとえば、同年一一月一〇日の第四回会合時には、今山礼造が出席して長崎線速成の必要性を力説していた。今山は、それにとどまらず、そこでの演説内容を、『第四回鉄道同志会席上に於て長崎鉄道敷設に対する意見』と題して刊行し、宣伝に努めていた。国立国会図書館にも図書として架蔵されているが、奥付には一一月二〇日印刷と記されている。実に迅速な活動であった。

同様に、一一月二二日の第五回会合時には、大和線を代表する桜井徳太郎が自線の宣伝演説を行っている。そして、彼も同様に演説内容筆記を刊行している。前章で紹介した『第五回鉄道同志会席に於て和歌山線路比較線に対する意見』と題するパンフレットがそれにほかならない。

こうして鉄道同志会では、第四議会が召集される前から、鉄道期成同盟会と連携して、院内外から鉄道敷設法にもとづく鉄道事業の円滑な実施を政府に迫っていくために、態勢を整えていたのである。

ところが、一八九三（明治二六）年初頭頃になると、鉄道同志会が警戒していたとおり、鉄道敷設法を修正しようとする動きがでてくる。同年一月一〇日に鉄道敷設法修正同盟会なるものが結成されてくるのである。これは、規約によれば、鉄道敷設法第七条を改正し、岩越線・篠ノ井線・飛騨線・浜田線・四国線・鹿児島線・大分線を第一期線に繰り上げることを目的として、関係地域選出の衆議院議員らが超党派で結成した団体であった。

この時点では、次の二三名の衆議院議員名を確認できる（前著、七五頁）。

（岩越線）鈴木万次郎・柴四朗・山口千代作、（篠ノ井線）窪田畔夫・丸山名政、（飛騨線）大野亀三郎・船坂與兵衛、（浜田線）渡辺又三郎・佐々田懋、（四国線）鈴木重遠・三崎亀之助・石井定彦・橋本久太郎・曽我部道夫・西山志澄・武市安哉、（鹿児島線）河島醇・厚地政敏・山田武甫・肥田景之、（大分線）小野吉彦・朝倉親為・長野一誠

福島県会津地方選出代議士の柴四朗・山口千代作がここに加盟するという行動をとっている理由は、前章での叙述から容易に理解されるであろう。また、福島県須賀川の医師の出身である鈴木万次郎は、自由党の闘士河野広中の同志でもあり、第三区（定員二名）から河野とともに選出されている人物である。須賀川など日本鉄道沿線からも岩越線の速成要求が起きていたことも前述したとおりである。もちろん、柴と山口が吏党系であり、鈴木は自由党であるという党派の違いなどは、ここでは問題ではなかった。

長野県の篠ノ井線を代表しているのは同県第四区選出で南安曇《あずみ》郡長出身の窪田畔夫と、県北部の上高井郡などからなる第二区選出の丸山名政である。丸山の院内での所属会派は議員集会所（改進党）である。改進党の議員といえども、地元の地域利害には無関心ではなかったのである。

四国に関していえば、現在の土讃線・予讃線・徳島線にあたる三路線が、鉄道敷設法第二条の予定線に入れられながら、第七条の第一期予定線には一つも盛り込まれていなかった。それだけに、この修正同盟会には七名もの四国選出議員が名を連ねていた。

九州の八代～鹿児島間もまた、第二期から第一期への昇格を狙う急先鋒であっただけに、鹿児島県選出の厚地《あつち》正敏ら四名の議員の加盟も、もはや説明の必要はないであろう。

以上のように、第二期に置かれて不平をつのらせていた地域の利害を代表する代議士たちが、党派の違いを超えて、新たな団体を結成していたのである。

三　自由党と鉄道問題

こうして院外団体や院内の代議士らが、それぞれの地域利害にもとづいて行動を起こしつつある中で、公党としての自由党はどのように対応したであろうか。自由党は、これまでの「民力休養」スローガンにもとづく藩閥政府との全面対決姿勢を弱め、政府の積極的な公共事業の展開に支持を与えて「民力育成」を図る姿勢を示す方向へと、党の路線を転換しつつあった。第三議会で同党が鉄道敷設法の成立に尽力したことは、「我党は消極の改革を以て自ら足れりと為《な》す者に非《あら》ず、兼て積極の事業を経営するを以て自ら任ずる者なり」(3)などと肯定的に総括され、第四議会では、鉄道など産業基盤育成に資する公共事業の展開を支持していくという路線が主唱されていたのである。

したがって自由党では、一八九三年一月二八日、一月三〇日、二月一日と三日間に分けて、板垣総理以下の代議士が列席する中で、各府県から上京してきた請願者から事情を聴取する場を設けていた。抽選の結果、その順番は次のとおり決められた(4)。かっこ内は演説者の氏名である。

一月二八日　奥羽線（戸狩権之介）、土鶴線（丸岡寛三郎）、木曽線（小里頼永・小栗次郎）、大和線（桜井徳太郎）、八王子線（乙黒直方）、豊野線（島津忠貞）

一月三〇日　上越線（高津仲次郎）、御殿場線（坂三郎）、陰陽連絡中央線（西谷金蔵）、陰陽連絡西方線（矢吹重耀）、長崎線（今山礼造）、京鶴線（中村栄助）

二月一日　京鶴線（田島道貫）、陰陽連絡東方線（瀧七蔵）、紀泉線（大田信一・岡村平兵衛）、伊那線（渡辺猶人・宮島光太郎）、三角線（渋江公寧）、直江津線（寺崎至）、北陸線（朝倉外茂鉄）

いずれもが第一期線に選ばれた路線ばかりではあるが、その多くは比較線選定競争に勝ち抜かなければ実現が望めない路線であった。大和線採択に向けて奔走する奈良の自由党員桜井徳太郎の名が、ここにも認められる。一方、和歌山県の自由派を代表して上京していた大田信一も、紀泉線採択を主張するために出席していたことがわかる。やはり前章で紹介した長野県の小里頼永の名も、木曽線代表としてあがっている。彼の出番は、初回の一月二八日であった。

ところで、のちの一九三三（昭和八）年に出版された『松本市史』下巻は、当時まだ松本市長として活躍中だった小里頼永の回顧談をのせている（二二二頁）。少し長くなるが、重要な史料となるので、主要な部分をそのまま引用しておく。

「此頃の事とか、先づ自由党幹部を動かし、木曽線賛成を求むべく運動せる折柄、一日板垣総理始め幹部代議士等列席の前に於て両論対決の事あり。伊那の渡辺猶人淳々伊那線の利得なるを説き、且曰《いわ》く、木曽は有名の寒地にて冬期は積雪丈余《じょうよ》に及び、汽車の運転停止さるべしと説き去りたるにより、此方の小里頼永憤りを帯び云へるは、渡辺君の木曽大雪説は何れより得たる説なるか、全く架空の虚説なり。……板垣老は双方を対照し、渡辺子の説の方然るべしやに思はると云はれ、一座頗る木曽説に不利ならんとする折柄、代議士席に在りし立川雲平悠然起《た》つて曰く、鉄道の経済的施設なる上からは須《すべか》らく工費の多少と距離の遠近等数字に依つて決すべし。余も信州選出なれば木曽・伊那両地の事も熟知せり、木曽の大雪説など架空の妄論にて一顧の値なしと論じければ、総理を始め一座悉《ことごと》く其色を替へたる趣あり。伊藤大八は徒《いたずら》に口舌を以て争ふの不利なるを覚り、終始黙して発言せざりしといふ。結局自由党は、鉄道問題は党議を定めず、其賛否は自由意志と定めたり。」

渡辺猶人が伊那線採択を求める演説をしていることから、二月一日の第三回公聴会の場面と思われる。そして、一時は伊那側に有利に傾いていた論議を、代議士席にいた立川雲平が立って反論し、互角の形勢に持ち込んでいた。木曽陣営が立川に支援を依頼していた（70頁）効果は、たしかにあったと言うことができよう。これに対して、伊那出身の自由党代議士伊藤大八は、反論ができな

写真4-1　八王子〜甲府間の笹子トンネル工事風景

出所：『日本鉄道史』中篇。

かったようである。

和歌山線の比較線採択に関しても、同様の問題を指摘しておいた。自由党としては、鉄道建設という公共事業に対する意欲的な取り組みを示そうとして公聴会を開いたのであろうが、対立しあう各地の利害がそのまま持ち込まれてしまい、党員同士が対立する状況が現出したのである。いずれか一つに党議決定しようとすれば、たいへんな混乱が生じかねないことは明らかであろう。したがって、小里の回顧談の末尾にあったとおり、議場における票決の際には、各代議士の自由投票とするしか手段はなかったのである。

四　第四議会の状況

以上のようなさまざまな動きが始まっている中で、ようやく比較線決定に関する政府原案が鉄道会議に諮問されたのは、第四議会の会期も半ばにさしかかった一八九三年二月四日のことであった。鉄道会議では、二月六日の深夜に及ぶまで連日審議を続けた結果、政府原案どおり承認することとした。

政府が原案を示し、鉄道会議も承認した比較線決定案は、以下のとおりである。先の表3-1を見ながら、この時点での勝ち負けを確認していただきたい。

まず中央線に関して。八王子〜甲府間と御殿場〜甲府間の競争は、圧倒的多数で八王子線が採択されることになった。次に、諏訪〜名古屋間のルートは、木曽線（筑摩線）と伊那線との競争であるが、伊那線と称されるものの中には、清内路《せいないじ》経由と足助《あすけ》経由の二ルートが内包されていた。鉄道会議の採決に際しては、木曽線と清内路線との択一となり、一七対六の差で木曽線が採択された。木曽線の方が、路線延長が短くて工費が安価となる上、清内路線をとった場合にはアプト式を用いることになるといった難点が問題視されていた。伊那出身の伊藤大八が鉄道会議議員として列席しているにもかかわらず、この時点では劣勢を挽回できていなかったのである。

次に、北越線の三択に関しては、直江津線一五票、豊野線八票で、直江津線に決定した。直江津線は海岸に面しているため、軍部が難色を示していた路線であるが、工事が容易で安価にできるという経済的理由が、軍事的要請に勝った格好となっていた。

京鶴線と土鶴線との対決となった舞鶴線に関しては、二二対一の大差で京鶴線に決定した。もともと舞鶴は京都市との経済的関係の方が深く、建設費は余計にかかるが収益が見込めること、軍部も内陸部のみを通過する京鶴線を支持していたことなどから、大差がついてしまったようである。土鶴線に投じた唯一の人物は、審議経過から判断して、兵庫県選出の村野山人（コラム①参照）であったと思われる。

紀泉線と大和線との択一となった和歌山線の場合は、路線延長や建設費にさほどの開きはなかった。ただ、紀泉線が海岸線に近いことから国防上の難点があるとの指摘が出された上、沿岸航路が発達していて鉄道敷設の必要性がないとの意見もあり、結局、高田～和歌山間をとる大和線が一六対七で採択された。

最後に、陰陽連絡線の三択については、姫路～鳥取～境というルートをとる東方線が一七票を得て採択された。最も大阪に近い地点において山陽鉄道と連絡することなどが評価されたものと思われる。岡山や倉敷の関係者にとっては落胆すべき結果となった。

こうして二月六日には鉄道会議の結論が出たことで、各比較線の優劣はかなり明確になってきた。前章で和歌山県の政情を見た際、紀泉線の請願のために上京していた大田信一らが二月一一日にあわてて帰郷し、自線の不利な状勢を伝えて、さらなる請願者の上京を募っていたことを記した（65頁）が、それは、中央での以上のような事態を受けたものだったわけである。

こうして鉄道会議の審議を経た案は、次に帝国議会に

表4－1　鉄道法案反対派のメンバー

院内指揮者（代議士）	江原素六・鈴木万次郎・河島醇・今井磯一郎・犬養毅
院内委員（代議士）	箕浦勝人・河島醇・鈴木万次郎・立石岐・千葉禎太郎・三崎亀之助・大野亀三郎・元田肇・影山秀樹・竹内鼎三・犬養毅・千葉胤昌・鈴木重遠・厚地政敏・丸山名政・江原素六
院外世話人（非代議士）	高津仲次郎・加藤慶夫・森懋・志賀二郎・安瀬敬蔵・島田茂
院内常詰（非代議士）	中俣正吉（上越線）・小林金吾（豊野線）・徳田菊太郎（岡山線）・大田信一（紀泉線）・今泉繁太郎（三河線）・本城安次郎（土鶴線）・森禎二（倉敷線）・住民平（修正派）・山本盛房（修正派）・江沢作次（修正派）

出所：『国会』1893年2月22日，前著79頁。

提出されてくる。比較線決定に関する法律案の提出を受けた衆議院では、二月一六日にこれを議題にあげ、九名から構成される特別委員会に附託することになる。

この委員会で審議され、決定された案が本会議に報告されてきたのは、二月二一日のことである。しかし、この日の本会議は混乱をきわめた。その要因は、早急に必要な法案を通過させて鉄道建設事業を軌道に乗せたいとする鉄道同志会と、さまざまな思惑から鉄道敷設法の修正を試みようとする鉄道敷設法修正同盟会との衝突によるものと見ることができる。その力量は、この時点では、拮抗した状態になっていた。

それまでの鉄道同志会は、本来は対立関係に立つはずの比較線各線関係者も、とりあえずは同居して結成されていた団体であった。ところが、比較線選定に関する優劣がはっきりしてきた段階で、敗色濃厚な側では不満を強め、鉄道同志会から離脱していった。そして、むしろ鉄道敷設法修正同盟会に合流するという動きを見せていたのである。

鉄道敷設法修正同盟会は、もともとは第二期線に置かれて不満をつのらせていた地域の選出代議士や関係者だけで結成した組織であった。ここに、比較線選定に敗れた路線の関係者が、多数流れ込んできたのである。たとえば、二月一九日に開かれていた修正同盟会の集会には、表4－1に見られるようなメンバーが出席していた。第二期線の岩越線を代表する安瀬敬蔵の名が見えるのは当然であるが、それに加えて、上越線・豊野線・土鶴線・紀泉線・岡山線・倉敷線などの請願者らが、院外世話人や院内常詰という役割のもと、こぞって名を連ねてきているることがわかるであろう。和歌山市から急遽上京してきた森懋や、同じく紀泉線支持の大田信一らは、ここに加わっているのである。

それに対応して、多数の衆議院議員も列席していた。この中には、岡山県選出の自由党代議士立石岐《ちまた》も加わっている。彼は、以前は鉄道同志会に加盟していたことが確認できる（78頁）のであるが、岡山線が比較線選定競争で敗色濃厚なため、こちら側に鞍替えしてきたのである。岡山県の倉敷地方を地盤とする改進党の闘士犬養毅が参加していたのも、同じ理由からである。

他方、鉄道同志会側は、比較線選定の必要のない路線や選定競争で優位に立った路線、すなわち奥羽線・北陸線・八王子線・筑摩線（木曽線）・直江津線・大和線・京鶴線・陰陽連絡東方線・長崎線などの関係者のみからなる組織に純化していた。しかし、これでは人数的には不利である。そこで、二月二一日に衆議院本会議に提出されてきた委員会案においては、新たに、岩越線と鹿児島線も第一期線に繰り上げるという内容が含まれていた。両線は、鉄道敷設法修正同盟会の中では中核的な存在であるだけに、これらを鉄道同志会側に引き入れて、修正同盟会の力量を低下させようとする政治的意図が込められていたことは明らかであった。

二月二一日の本会議が紛糾をきわめた背景には、以上のようなさまざまな思惑が入り乱れ、両派の勢力関係が拮抗していたという事情があった。そうした混乱の中で、鉄道問題には比較的中立的な立場にあった神奈川県選出の島田三郎が緊急動議を提出し、比較線選定に関する法律案は調査不充分であるという理由から第五議会まで議決を延期するという動議を提出した。これの賛否をめぐる喧騒の中で、討論終結の動議が通り、記名投票の結果、一三六対一三〇の僅差ながら島田の動議が可決されたのである。

以上の経緯から明らかなように、各代議士は、党派の別とはまったく無関係に、ただひたすら出身地の利害のみにもとづいて、離合集散をくり広げていたのである。前述したとおり、自由党などでは党議拘束ができず、自由投票を決めていたわけであるから、当然の光景と言えるであろう。

代議士の背後で活動する陳情団の動きにも、すさまじいものがあった。買収工作なども盛んに行われていたようである。そのあたりのなまなましい状況の一端は、木曽線採択を求めて上京していた運動員らが、連日のように地元の福島町に送っていた電報からうかがうことができる。『木曽福島町史』第三巻に史料として収録されたこれらの電文を、刻々と変化する中央での審議状況をふまえて読んでいくと、上京者らの運動ぶりがヴィヴィッドに把握できて興味深い。

たとえば、衆議院での委員会審議が始まる一六日には、「昨夜委員アゲルコト確カメタ。金二〇〇スグオクレ」とか、「眉ヲ焼ク如クノ運動ニテ、見込通リ委員今カル」とある。金銭が飛びかう熾烈な運動だったようである。また、その衆議院委員会において、実はいったん木曽線が敗北して清内路線が採択されてしまうのであるが、その日の電文には「買収ノ為メニ委員会マケタ。跡一生懸命ツトム」とか「乱軍勝敗決セズ、買収盛ンナリ」といった文言が見られる。委員会の場でいったん木曽線が敗北したのは、相手側からの買収工作があったためと見ていたことがわかる。

二一日の本会議では、再び木曽線が優位に立つことになるが、結局、前述したとおり、次期議会までの延期を求める島田案が僅差ながら成立してしまった。木曽関係者らは、敗色濃厚となった伊那線関係議員が、延期説に投票したためであると観測して、憤慨していた。さらに、二二日にも「一五〇エンオクレ」との電文が打たれているが、いったい何に使われたのであろうか。ともかく、すさまじい院外での工作である。

第四議会はこうした混乱の中で、鉄道敷設法にもとづく鉄道建設事業を始めるにあたって必要とされる比較線決定を行えないまま終了したのである。わずかに、比較線選定が必要でない奥羽線と北陸線に関してのみ、建設費が認められたにすぎない。その建設費予算総額も、原案から二割削減されてしまった。

写真4-2　明治末頃の福井駅

出所：福井県立歴史博物館蔵。

とはいえ、奥羽・北陸両線については、これで工事に着手することが可能となったわけで、それぞれの地元にとっては、きわめて満足のいく結末であった。第二議会期から官設北陸線の実現に向けて奔走していた福井県の山田卓介らは、三月六日に牧野伸顕に対し、「奥羽・北陸之両鉄道予算之義は、貴衆両院共可決し、大万歳大満足[5]」と、手放しの感激ぶりを書き送っていた。

他方、それ以外の地域では、比較線選定が先送りされたことで、なおも運動態勢を継続しなければならず、負担は大きかった。たとえば、木曽線沿線を代表して福島町から上京していた一委員は、第四議会での状況を報告したあと、「第五期に対するの軍備怠りなく」願うなどと述べて、次期議会へ向けた態勢を固める必要性を説いていた[6]。「軍備」などという戦地さながらの言葉がとびかう臨戦態勢を継続する必要があったわけである。

第二節　私鉄起業熱のめばえ

一　中国鉄道と南海鉄道

比較線関係地域では、今度こそはとの期待をもって第五議会を迎えることになる。ところがその第五議会は、一八九三（明治二六）年一一月二八日に開会したものの、またしても政府と政党との対立の中で、一二月三〇日には衆議院が解散されてしまう。

ただし、対立の構図は、これまでとはかなり異なっていた。自由党は、民力休養から民力育成へと路線転換を進め、第二次伊藤内閣への接近を強めていた。他方、改進党は、陸奥宗光外相が進める条約改正交渉の内容が時期尚早であると批判し、吏党系の国民協会などと対外硬派を構成して、政府との対立姿勢を維持していた。予算問題よりも外交問題に対立軸が移行する中で、伊藤内閣は第五議会の解散にふみきったのである。

ところで、この一八九三年下半期には、一八九〇年恐慌以来の経済界の不況がかなり回復し、金融の緩慢や金利の低下などによって投資環境が好転し始めたこともあって、各地では私設鉄道を起こそうとする動きがめだってきた。そして、このことがのちの第六議会における鉄道論議のありかたに大きな影響を与えていくことになる。そこで本節では、地方における一八九三年頃からの私鉄勃興の動きをいくつか見ておくことにする。

本書の論点とのかかわりから指摘しておかなければならない点は、鉄道敷設法とこうした私鉄起業の動きとの連関である。くり返し述べてきたとおり、鉄道敷設法は、多数の比較線や第二期予定線をも法案に明記していたことから、各地に鉄道実現への期待感を振りまいてしまっていたのであるが、実際には比較線のいくつかは切り捨てざるをえず、第二期線の起工は将来に持ち越さざるをえないのが実情であった。そこで、そうした地域の中からは、経済界の好転を背景に、私鉄での敷設に方針を転換した上で、鉄道実現に向けた動きを継続していこうとするところが現れてくるのである。

たとえば、岡山県における中国鉄道の場合である。[7]

岡山市を中心とした県中部地域では、陰陽連絡線のルートの一つとして岡山〜津山〜境間を結ぶ中央線（図4－1参照）が鉄道敷設法に明記されていて、鉄道実現の可能性はあった。しかし、第四議会における審議の中で、決着は次期議会まで持ち越されたものの、東方線（姫路〜鳥取〜境間）が優位であることは明白であった。第四議会閉会後の一八九三年三月三日に岡山に帰ってきた次田重顕は、東京での運動の情勢をふまえて、私設鉄道計画の必要性を説くようになっていた。この時点では、官設鉄道実現の援護射撃といった程度の意味あいから、私鉄計画を用意しておこうとする狙いが強かったようである。

ところが、その後は、「天下の鉄道論は私設を望むの

図4－1　陰陽連絡線の比較線関係図

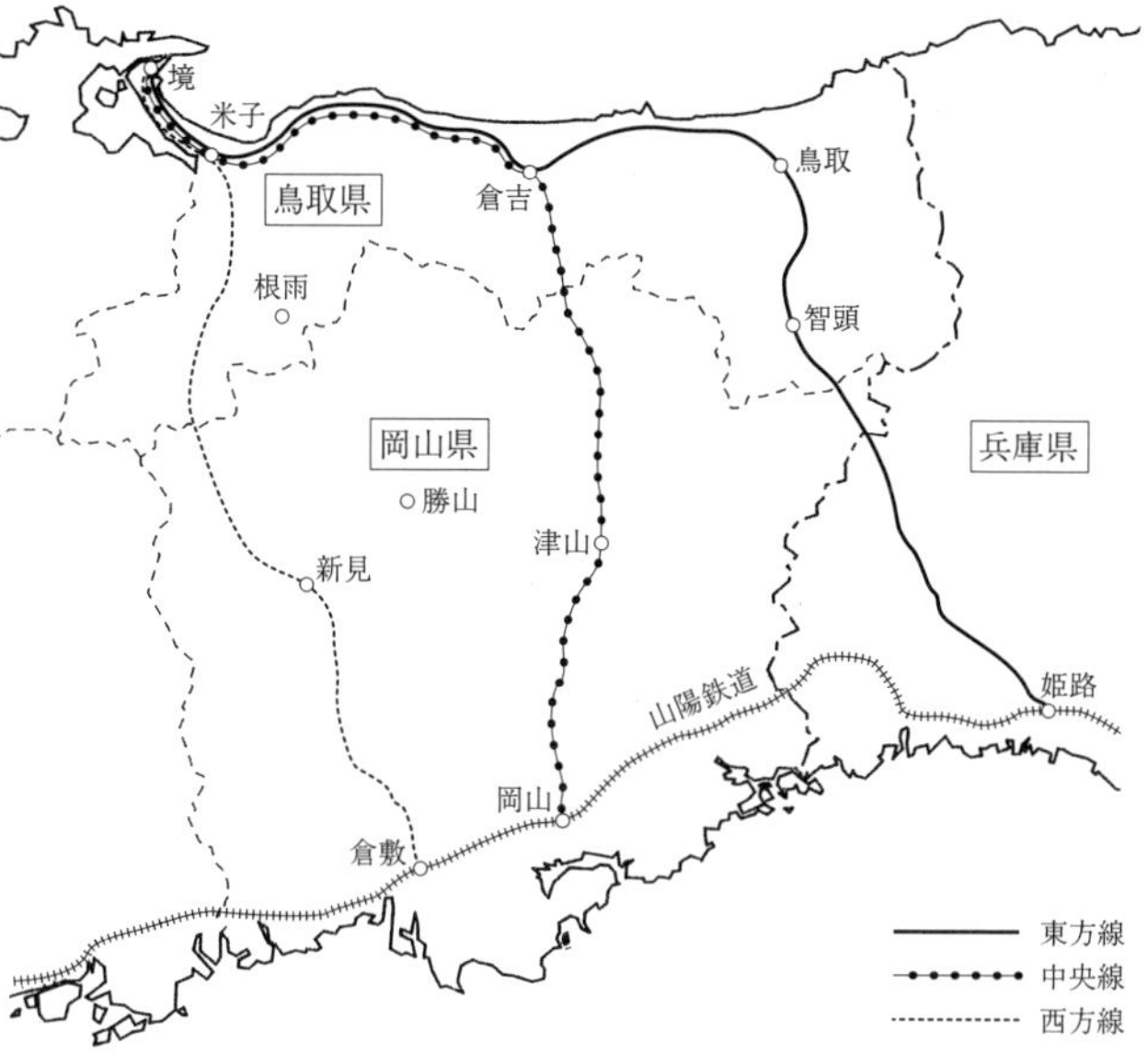

傾向を顕はし、私設の出願続々当局者の許《もと》に達するに至」るという情勢の変転をうけて、岡山県関係者も大阪の実業家と連携して、本格的に私鉄起業の可能性を模索し始めた。したがって、第五議会期には、引き続き比較線選定競争での勝利をめざす一方では、私設会社による実現の可能性も探るという両面作戦を展開していたのである(8)。

そして、第五議会が解散されてしまったのちの一八九四（明治二七）年一月二二日に関係者が会合した際には、これまでの官設実現の援護策という位置づけを脱し、本格的に私鉄企業を組織して鉄道の実現をめざすことを決定していた。したがって、同年五月一日に次田が再び上京した際に携えていたのは、もはや官設鉄道誘致の請願ではなく、中国鉄道株式会社創立の認可を求める願書だったのである。

中国鉄道は、大阪市の名越愛助ほか四三六名の出願にかかり、資本金五七〇万円でもって、岡山市から津山・勝山・根雨《ねう》・米子を経て境に達する一〇二マイルを建設する計画であった。その株主分布は、一人で多数の株式を所有する大阪在住の大株主にも注目されるが、人数的には、岡山市や県内沿線に在住する小株主が圧倒的に多数を占めている。

以上の経緯から明らかなように、中国鉄道は、いったんは鉄道敷設法に盛り込まれて期待が喚起されながらも、実現の見込みが立たなくなったルートを、大阪資本と地元資本を結集して私鉄会社を起こし、実現にこぎつけようとする計画だったのである。

なお、中国鉄道は、米子～境間のみは官設鉄道予定線と重なるため認可されず、あらためて岡山～米子間に計画を縮小し、資本金も五〇〇万円に減額した上で、同年九月に仮免許が下付されることになる。その後の経緯も記しておけば、本免許は一八九六（明治二九）年四月三〇日に交付され、同年七月に起工して、一八九八（明治三一）年一二月二一日には、とりあえず岡山～津山間の開通にこぎつけていた。ただし、それ以後は、再び襲来した恐慌の影響を受けて、延伸のめどは立たなくなってしまう。

次に、同様の立場にあった路線として、紀泉線の場合を見ていこう。

この大阪～和歌山間のルートも、鉄道敷設法の比較線選定競争において、大和線に対して形勢はきわめて不利であった。このため、一八九三年五月頃になると、和歌山市の有力者らは、次の第五議会に向けた官設誘致運動は断念し、大阪の実業家松本重太郎らと連携して、数年前に仮免許を得ておりながら立ち消えになっていた私設紀泉鉄道を再起させる方向に転換していく。

松本重太郎らは、かつて一八八九（明治二二）年五月に堺～和歌山間の敷設を出願し、既存の阪堺鉄道会社と合併して、大阪～和歌山間を鉄道で結ぼうとしていた。この計画は、同年夏の和歌山の大洪水や、翌年の恐慌などによって、いったん頓挫していた。しかし、一八九三年五月頃になると、和歌山市長の長屋嘉弥太らが松本重太郎と協議した結果、「目下国費御多端の際、啻《ただ》に官設鉄道の敷設を相仰《あいあおぎ》候より、寧《むし》ろ此際民業に因り各自資本を投じ」て敷設するべき時であると述べ、官設誘致を断念して、私鉄起業の計画を開始したのである。(9)

こうして一八九三年六月には、私設紀泉鉄道会社の設立が出願されてきた。その後、競合して発起してきた他グループと合同して紀摂鉄道と称することとし、あらためて同年一一月に湊町～和歌山間を敷設する会社の設立が出願されてくる。資本金は二八〇万円であった。一八九四年七月には仮免許が下付され、のちには南海鉄道と改称している。現在にまで続く南海電鉄の創始であった(10)。

二　岩越鉄道設立の動き

以上は、いずれもが比較線選定に不利な立場に置かれて不満をつのらせていた地域に、私鉄計画が代替して浮上してきたケースであるが、鉄道敷設法に対する不満は、第二期線にすえ置かれていた地域でも根強いものがあった。その代表例として前章で福島県会津地方の状況を見たが、この地域においても、一八九三年下半期頃から私鉄計画が登場してくる。以下では、のちに岩越鉄道株式会社として結実することになる私鉄設立の動きについて見ていくことにしよう。

会津地方への鉄道実現運動を続けてきた者たちにとっては、第四議会の委員会審議の中でいったん岩越線の第一期繰り上げを盛り込んだ修正が行われ、本会議で可決されるかに思われた矢先に、島田三郎の審議延期動議が可決されてしまったことは、千載一遇の機会を逃したかに思われた。そのため会津地方では、第五議会を前にして、より強力な官設鉄道誘致運動を展開する必要性を痛感し、ようやく運動団体を一本化することに成功していた。一八九三年九月一八日に結成されていた岩越鉄道期成同盟会がそれである。この団体は、第五議会の開会を数十日後に控えた時点で、大同団結して運動を進めることを目的に、北会津郡長を本部長として、北会津・耶麻・河沼・大沼四郡の共同運動をめざしたものであった(11)。

しかし、これと同じ時期に、私設鉄道会社を設立して敷設を進める方が、現実性が高いと判断して動き始めている者がいた。福島県知事の日下義雄である。のちに日下が回顧して演説した内容によれば、それは一八九三年八〜九月頃のことであるという。彼の考えを要約すれば、次のようなものであった(12)。

鉄道敷設法にもとづく官設鉄道は、一二年という期限内に六〇〇〇万円の予算を投じても、第一期予定線をすべて竣功させることは難しいと思われる。ましてや、第二期線の岩越線を政府の事業に任せておくのであっては、その実現は幾十年後になるかわからない。官設とするのはあきらめざるをえない。そこで私設鉄道として計画すれば収支が償うかどうかを、みずから調査することにした。

実際、同年九月二四日には、上京中だった日下知事から呼び出しを受けた郡山地方の有力者らが、知事から私設鉄道の相談を持ちかけられており、彼らは、私設であれ官設であれ、すみやかにできる方を願う旨を回答していた[13]。そこで日下は、在京実業家の間を奔走したところ、渋沢栄一からは、資本金七〇〇万円のうちの二割程度を地元資産家が負担するか、あるいは一割にあたる七〇万円の出資担保をしてから勧誘を進めるという覚悟でのぞめば、資金調達が可能であろうとの言質を得ていた。

そこで日下知事は、今度は県内をかけめぐり、私鉄会社への出資の意向を打診してまわる。まず一八九四年三月には、郡山町でどの程度出資できるかを下問していた。その結果、郡山町有志者らは三〇万円を出資するとの請《うけ》書《しょ》を作成している。その後、日下は、会津五郡で六五万円を出資するとの請書を得てきたので、四月三〇日には、再び郡山町有志者と協議し、同町でさらに二〇万円を出資してくれれば、東京の資本家とかけあう際に好都合だともちかけていた[14]。

郡山町や関係各郡などからこうして出された請書の原本は、福島県歴史資料館が所蔵する「福島県庁文書」（ただし、福島大学から移管された「軌道条例に関する命令書案一途。岩越鉄道に関する書類」と題する簿冊）の中に、たしかに残されている。また、各郡においてその負担額を、資力に応じて町村ごとに割り当てた一覧表も作成されており、知事からの出資の要請を受けた沿線地域では、租税賦課などの場合と同様の方式で、株式引受のノルマが割り振られていたことがうかがえる。私鉄事業とはいえ、公的賦課に近いものと受けとめられていたのであろう。

以上のように、一八九三年下半期頃から急速に私鉄計画が浮上してくる背景には、官設での着工を待っていては、第二期線の場合、その実現ははるか後年になってしまうという危機感があったことがあげられる。そうした意識をとりわけ強く持っていた日下知事が、東京財界との交渉に努めつつ、地域の資本の結集に奔走していたことが推進力となって、私鉄会社設立へ大きく踏み出していたのである。

ところで、これとほぼ同じ区間の敷設をめざして、東京の丸山作楽《さくら》らが、新潟鉄道株式会社なるものを出願する動きが浮上してきた。その出願書類でも、岩越線が第二期に置かれたことから、官設での実現を待っておれないことが語られていた(15)。

この競合計画の出現こそが、会津地方の鉄道運動を官設誘致から私鉄会社設立へと急展開させる促進剤となった。そのあたりの経緯は、岩越鉄道会社創設後の時点ではあるが、次のように回顧されているとおりである(16)。

「(第六議会に向けて)専ら請願の目的を達するの運動中に際し、新潟鉄道株式会社の名義を以て本線を私設事業に移す出願の計画を試むるものあるを探知するや、請願委員佐治幸平・安瀬敬蔵・秋山清八・土屋重郎・八田吉多・飯野庄三・佐藤佐中は議を決し、在京同志者宮内盛高・都築兼吉・藤田重道・宮崎有敬と共に、明治廿七年五月九日岩越鉄道株式会社の名称を以て、資本金額を七百万円とし、起業目論《もくろみ》見書及仮定款を具し、逓信大臣に向ひ本線の発起許可の出願を為し……。」

官設第一期予定線への繰り上げを第六議会に向けて請願するため、岩越鉄道期成同盟会を代表して上京していた佐治幸平・安瀬敬蔵・秋山清八らが、急遽私設岩越鉄道計画の出願に関与することになった経緯が語られているのである。実際、岩越鉄道株式会社創立願(17)には、佐治・安瀬ら上記メンバーが、こぞって発起人に名を連ねていた。

以上のように、一八九四年五月頃には、同一ルートに岩越鉄道株式会社と新潟鉄道株式会社の二社が創立願書を提出して競合するという状況が生じていた。こうした場合、まずは、鉄道会議に諮問されて、いずれかが採択されることになる。五月一一日の鉄道会議においては、岩越鉄道側に認可を与えることが決し、新潟鉄道の願書は却下された。

しかし、これで私鉄会社が設立されるわけではない。岩越鉄道の場合、次に帝国議会での審議を経て法律制定を待たなければならない。なぜならば、このルートは、鉄道敷設法において第二期ながらも官設予定線とされて

写真4-3　渋沢栄一（1840～1931年）

出所：『明治運輸史』。

いたからである。同法では官設予定区間の建設を私鉄会社に認めようとする際には、帝国議会の協賛を経て、その旨の法律を制定しなければならないと規定されていたのである。したがって、かつては鉄道敷設法の修正（第二期線から第一期線への繰り上げ）を狙う立場の急先鋒であった岩越線関係者は、第六議会期には、求める内容がすっかり変わっていた。官設予定区間の建設を私鉄に認可する法律が速やかに成立することを願う立場へと、急変していたのである。

官設から私鉄への方針転換は、中心的な運動者のレベルにとどまらず、地域の運動団体の性格変化をももたらす。先に官鉄誘致運動のために設立されていた岩越鉄道期成同盟会は、私設方針への転換が確定したのちは、株主の募集や用地買収に尽力する組織として機能し続けていることが確認できるのである(18)。

以上のような経緯をふまえて、岩越鉄道株式会社は、一八九六（明治二九）年一月二〇日に仮免許が下付され、日本鉄道会社内に創立事務所が置かれた。同年八月四日に開かれた創業総会では、取締役や監査役などの役員の選出が行われている。役員には、東京の渋沢栄一などのほか、会津地方からは佐治幸平や安瀬敬蔵ら、官設鉄道誘致運動の頃から鉄道問題に熱心に関与していた者たちが就任していた。同社では、建設工事を日本鉄道に委嘱する方針であったが、まもなく日本鉄道建築課長であった長谷川謹介を技師長に招いて、自営で工事を始めることにした。

工事は郡山側から始められ、一八九九（明治三二）年七月一五日にはさしあたり若松まで開通している。その後、経済情勢の悪化による株金払込の困難と経路選定をめぐる紛糾に直面し、しばらく工事は停滞するが、一九〇四（明治三七）年一月二〇日には喜多方まで開通している。

第三節　第六議会の状況

一　政府提出法案と鉄道同志会

以上のような経済情勢の変転を経たのちに、一八九四（明治二七）年五月一二日に召集された第六議会における鉄道問題は、第四議会期とはかなり様相を異にしていた。第六議会に政府が提出してきた鉄道関係法律案は、次の三点に整理できる。

①比較線決定に関する法律案。第四議会に提出されながら、混乱の末、決定が延期されていたもの。採択される路線の原案は、第四議会提出時と同様である。

②官設予定区間の敷設を私鉄会社に認可するために必要とされる法律案。直江津～新潟・新発田間（北越鉄道）、京都～舞鶴間（京都鉄道）、五条～和歌山間（紀和鉄道）、七尾～津幡《つばた》間（七尾鉄道）、新庄～酒田間（酒田鉄道）、佐倉～銚子間（総武鉄道）、新潟～郡山間（岩越鉄道）などの敷設を私鉄会社に認可するという内容（カッコ内は、申請会社名）。

③鉄道敷設法改正案。新たに篠ノ井線と鹿児島線（八代～鹿児島間）を、官設第一期線へ繰り上げる内容。

もう少し説明しておこう。実は、一八九三年からの私鉄熱の中で、比較線選定（①）で優位に立って官設第一期線に採択されることが確かな区間にさえ、私設鉄道が出願されていた。②に見える北越鉄道・京都鉄道・紀和鉄道などがそれである。したがって、②が成立して私鉄会社が敷設に着手すれば、政府が建設しなければならない官設鉄道は減ることになる。加えて、鉄道敷設法の第一期線に盛り込まれていた山陽線（三原～下関間）、九州線（佐賀～佐世保・長崎間、熊本～三角間）についても、それぞれ山陽鉄道会社と九州鉄道会社が社債の募集などで資金を調達して工事を続行する見通しがついていた。そのため、なおさら政府の負担は緩和される見込みだったのである。

表4－2　第6議会期の鉄道同志会構成員

中央木曽線	今井磯一郎，国島博，浅見與一右衛門，川上源一，森本省一郎，（大沢紋一郎）
中央八王子線	加賀美嘉兵衛，（八巻九万）
陰陽連絡東方線	名倉次，石谷董九郎，（馬場幸次郎）
直江津線	萩野左門，内藤久寛，室孝次郎，（鈴木長蔵）
京鶴線	神鞭知常，河原林義雄，（中村栄助）
大和線	並木弘，桜井知則，（桜井徳太郎）
長崎線	山口新一，家永芳彦，高橋保馬
鹿児島線	厚地政敏，（山本盛房）
山鹿線	紫藤寛治，（上羽勝衛）
岩越線	柴四朗，小笠原貞信，（秋山清八），（安瀬敬蔵）
酒田線	阿部孫左衛門，駒林広運，（野附友三郎）
奥羽線	横山勇喜，菊池九郎，重野謙次郎，（戸狩権之助）
北陸線	小間粛，関野善次郎，時岡又左衛門，（朝倉外茂鉄）
銚子線	坂本則美，（平山仁兵衛）
篠ノ井線	（窪田畔夫）
加能線	真館貞造
阪鶴線	土居通夫，田艇吉，（弘道輔）
羽越線	丹後直平，山下千代雄，（河合通次）

出所：前著88頁。

そこで、従来第二期にとどめ置かれていた路線の中から、第一期に昇格させることができる路線が出てきた。

こうして選ばれたのが、③にあるとおり、篠ノ井線と鹿児島線だったのである。篠ノ井線は、本州中央部で信越線と中央線とを結びつける要衝にあたるという位置づけが有利にはたらいた。鹿児島線は、青森から鹿児島までを縦貫する一串の幹線の最南端に位置することが主たる昇格の理由となっていた。

こうした情勢の中で、鉄道同志会の構成員にも変化が見られた。かつて第四議会期には、官設第一期予定線に採択されそうな路線だけの組織に純化していた鉄道同志会であるが、第六議会を迎える頃には、再び構成員が増加していたのである。そのメンバーは、前著『近代日本の鉄道政策』にも掲げたが、表4－2に再掲しておく。これまで本書でたびたび登場してきた幾人かの人物について、あらためて注目しておきたい。

たとえば、福島県第四区選出代議士の柴四朗や、会津地方から上京していた安瀬敬蔵・秋山清八（院外者）らの名が見える。彼らは第四議会期には、鉄道敷設法修正同盟会の中核として、鉄道同志会に敵対していたはずである（79・84頁）。しかし今回は、会津地方では私設鉄道での実現に方針転換していた。したがって彼らは、政府提出の②の成立を願う立場から、鉄道同志会に加わってきていたのである。

また、③の恩恵を受けることになる地域の代表者も、鉄道同志会に鞍替えしてくる。たとえば、鹿児島県選出代議士の厚地正敏も、第四議会期には鉄道敷設法修正同盟会の一員だったが、今回は③の成立を願って鉄道同志会に加盟していた。篠ノ井線の速成を求める窪田畔夫（院外者）の名も見える。

他に新たに加わった路線の中に、銚子線と表記されたものがある。正確に言えば、総武鉄道会社の佐倉～銚子間の延伸を求める者たちである。

第1章で述べた私設総武鉄道は、本所～佐倉間の建設工事は竣工させつつあったが、加えて佐倉～銚子間の延長線着工の計画がもちあがっていた。しかし、鉄道敷設法には、第二期ながらこの区間は官設予定線に掲げられていた。そのため、佐倉～銚子間を私鉄に委ねることを認める法律（②）の成立が不可欠なのである。ちなみに、銚子線を代表して鉄道同志会に加盟している坂本則美は、前に述べたとおり（9頁）、総武鉄道の社長である。

こうして、官設か私設かの違いはあるにせよ、第四議会期に比べてはるかに多くの代議士が鉄道同志会に加盟し、政府が提出する鉄道関係法案の通過を図ろうと待ち構えていたのである。

二　第六議会と鉄道誘致運動

したがって、今回もまた比較線選定に関する法律案（①）をめぐって、第四議会同様の激しい論議が起こり始めるのであるが、そうした際、そのあおりで他の②や③が不成立に終っては困るという空気が議場を支配していた。政府が一括して提出した①～③を、一気に通過させようとする機運が広がっていたのである。そうした第六議会の経過そのものは前著で詳しく述べたので、本書では、各地からの陳情団の視点に立って、同じ経緯をたどってみたい。

総武鉄道に関する法案の成立を願って千葉県から上京していた運動員は、たえず手紙を送って、議会での情勢を地元に伝えていた[19]。そこでは、たとえば鉄道同志会を通して千葉県選出代議士への働きかけを続けており、他県代議士へもそれぞれに工作する予定などが述べられている。さらには、衆議院本会議での関係法案の採決を翌日に控えた五月二三日の時点では、鉄道同志会に反対する勢力が公平会と称して台頭してきたことを危惧していた。そして、「一方に満足を与ふれば、一方に不平党を生ず（公平党）。兎角《とかく》浮世は儘《まま》ならざるものに御座候」と歎く一方では、細心の注意をはらって必死の運動を展開しているという奔走ぶりも、手紙で伝えていたのである。

　右に述べられているとおり、今回も、政府提出の鉄道関係法案に不満を持つ者らが、鉄道公平会と称する団体を組織して、鉄道同志会に対峙していた。その中心は、本書でたびたび登場してきた伊藤大八と、香川県選出の代議士綾井武夫であった。伊藤に関しては、比較線選定法案において伊那線が採択されなかったことへの不満であり、綾井については、今回もまた四国の路線がすべて第二期にすえ置かれたままであるという不満があったものと思われる。

　とはいえ、第四議会とは異なり、新たなメンバーを加えた鉄道同志会の力量はアップしており、五月二五日には、政府提出の鉄道関係法案が一気呵成に通過するという急変ぶりをみせた。関係者らの歓喜はひとしおであった。

　福島県郡山町において帝国議会の動向を一喜一憂しながら注視していたある有力者のもとにも、この日「イマツウカシタ」という電報が届けられた。そして、「実に我郡山の幸福無此上《このうえなく》、大慶不過之《これにすぎず》、多年の宿望今度こそ成就相成候事に立至れり」との感懐を書き記していた(20)。官設予定区間に私設鉄道の敷設を認める法律が成立したことに歓喜していたのである。

　多年にわたって鉄道誘致運動を展開してきた長野県木曽谷の関係者の感慨も、ただならないものがあった。ここでは、官設鉄道比較線採択に関する法案が通過し、ついに木曽線建設が決定したことに対する歓呼であった。法案成立の報に接した福島町の模様がそのまま伝わってくるような資料を載せておくことにしよう(21)。

「此日、挙町期せずして、国旗球燈慢〔幔〕幕にて飾り、同夜は旅館つたやに於て大祝賀会を開き、続いて同月二十九日木曽線貴族院も通過したりしも、議会は六月二日対外硬派上奏案にて解散となりしも、鬼の首を得てからの解散である。後は野となれ山となれ、六月九日を以て上京委員十年の懸案を解決して、全く宿年の問題を一挙に収め、金馬銀鞍、勲功を提《ひっさ》げ威儀堂々振翳《ふりかざ》して凱旋せらる。」

地元住民による祝賀会と上京員の凱旋のありさまが、手にとるようにわかる。右の文中にもあるとおり、実は

写真4－4　工事中の木曽福島駅

結局，名古屋から建設が進められていた中央西線が木曽福島まで開業するのは，ずっとのちの1910年11月25日のことである。
出所：交通博物館蔵。

この第六議会はまたしても解散されてしまうのであるが、鉄道関係法案はそれ以前に貴族院も通過していて、成立には支障はなかったのである。

こうして、一八九四年六月一二日に、法律第六号から第一〇号でもって比較線決定の法律が公布された。ようやく官設第一期予定線の着工に必要な決定がくだされたわけである。あわせて、同日法律第一一号において、篠ノ井線と鹿児島線を官設第一期予定線に繰り上げることも示された。さらに、法律第一三号から第一五号でもって、鉄道敷設法中の官設予定区間のうち、一四区間を私鉄会社に認可する法律も公布された。

鉄道政策に関しては、このように、関係法案を一括して提出した伊藤内閣のもくろみは的中した。しかし、この第六議会は、条約改正問題をめぐる政府と対外強硬派との対立から、六月二日には、またしても解散されることになってしまった。第五議会に続く今回の解散で、国内政界における伊藤内閣の手詰まり状態は明らかだった。こうした窮状を打開するために伊藤内閣がとった手段は、朝鮮情勢の緊張を利用して、清国との間に戦端を開き、

国民の関心を戦争に向けさせることであった。日清戦争の開戦がせまっていた。

【参考文献】

(1) 国立国会図書館憲政資料室蔵「牧野伸顕関係文書」書翰の部六五-一。

(2) 国立公文書館蔵「公文雑纂　明治二五年　道庁府県三」。

(3) 安田邦治編『第四議会自由党運動史』（一八九三年）一九頁。

(4)『自由党党報』三〇（一八九三年二月）二二頁。

(5) 前掲「牧野伸顕関係文書」書翰の部六二三-一。

(6)『木曽福島町史』第三巻（一九八三年）六九八頁。

(7) 以下、ことわりのない限り、藤沢晋・在間宣久「中国鉄道の設立とその資本・営業の展開過程」（『岡山大学教育学部研究集録』二八、一九六九年）を参照。

(8) 田中茂一・加藤慶夫・山谷虎三『中国鉄道布設請願運動顛末報告書』。

(9)「紀泉鉄道株式会社創立経歴之概略」（国立国会図書館憲政資料室蔵マイクロフィルム「松方家文書」六一-二三）。

(10) 以上は、武知京三『都市近郊鉄道の史的展開』（日本経済評論社、一九八六年）も参照。

(11)『会津若松史』第一〇巻（一九六七年）三一〇頁。

(12) 中村孝也『日下義雄伝』（一九二八年）二〇一頁。

(13)『郡山市史』第九巻（一九七〇年）三六三頁。

(14) 同前、三六九頁。

(15) 交通博物館蔵「敢て賢明なる議員諸君の協賛を請ふの書」。

(16)『福島県山都町史資料集』第七集（一九九一年）四〇八頁。

(17)『喜多方市史』第六巻上（二〇〇〇年）七三九頁。

(18) 前掲『福島県山都町史資料集』第七集、四〇九頁。

(19) 塚本庸『総武鉄道物語』（成東町、改訂版一九九九年）一七八頁。

(20) 前掲『郡山市史』第九巻、三七〇頁。

(21) 前掲『木曽福島町史』第三巻、七〇七頁。

コラム④　鉄道誘致運動の費用

各地の鉄道誘致運動に要する費用の拠出やその使途については、不明朗な部分が少なくない。費用の拠出に関しては、上京者の運動費を市の公費から支出する議決をしていた長崎市のような例もあれば、郡費による鉄道路線調査費の支弁を停止させられた長野県下伊那郡のような例もあったことを、前章の本文中で見た。公費との境界は不透明なのであった。

また、運動費の使途についても、本章では木曽谷の福島町の史料をあげて、不透明さがつきまとうことを指摘した。公平を期すため、ここでは、伊那谷側の事情の一端も書き加えておこう。

こちらでは、地元選出代議士の伊藤大八と中村弥六が、比較線選定競争において伊那線採択のために奔走していた。おそらく一八九四年の第六議会終了後と思われるが（月日不明）、中村が伊藤に一通の手紙を出していた（国立国会図書館憲政資料室蔵マイクロフィルム「伊藤大八関係文書」）。そこでは、これまでの運動の総括を地元住民に行うにあたり、費用の明細を開示するかどうかの問題が論じられていた。中村は否定的であった。中村が言うには、「費用中には証明し得られざるものあり、又証明を欲せざるあり」ということであった。もしあえて証明しようとすれば、運動の効能が消滅するとも記している。さらには、万一地元住民が開示を求めてくるようであれば、自分は「家財を売却しても潔く返却せんのみ」とも述べている。ずいぶん意味深長な内容である。

第5章　鉄道政策と陸軍

第一節　参謀本部の鉄道構想

一　陸軍による介入の始まり

これまでの四つの章で、鉄道敷設法の成立と地方における波紋について、時期を追って見ていくうちに、日清戦争直前にまで達した。同法にもとづく建設事業は、ようやく日清戦争後に本格的に着手されるのであるが、その時期に進む前に、ここで、地方における鉄道経路の選定問題と陸軍のかかわりについて若干の考察を加える章を挿入したい。

近代日本における鉄道は、経済的輸送機関としての役割のほかに、戦時における軍事的輸送機関としての役割も期待されていた。「富国強兵」という明治日本の国家目標において、「富国」のためにも「強兵」のためにも、鉄道網の拡張は急がれなければならなかったのである。

ところで、かつて歴史学界において主流であったマルクス主義史学、とりわけその中でも講座派とよばれたグループの学者たちは、近代日本の軍国主義的性格を強調する研究を続け、したがって、鉄道についても、軍事的輸送機関という側面に強く引きつけて言及されてきた。そうしたなごりからか、今でも、軍部が鉄道政策全般を強く統制し、たとえば自分たちに都合のよいように経路を決めていたといった類の叙述に出くわすことがある。

もとより、本章で述べていくとおり、参謀本部などでは、平時から鉄道輸送も含めた戦時国防体制の研究に努めていて、鉄道政策に対してもさまざまな要求を突きつけていたことは事実である。鉄道会議の議長には参謀次長がつくことが慣例となり、議員にも参謀本部や陸海軍の高等官が加えられるなど、たしかに軍部が鉄道政策に介入していく制度的根拠は確保されていた。

とはいえ、そうした制度の中で、軍部の要求が常に貫徹したかどうかについては、先行する理論や先入見にとらわれることなく、いくつもの事実を見きわめながら論じていかなければならないであろう。

本章においては、上に述べたような従来の研究動向にいささか異を唱えるような事実を紹介していきたい。まず、本節において参謀本部を中心とした陸軍の鉄道構想を見たのち、その中で最も重視され、かつ執拗に求められ続けた本州縦貫幹線鉄道の内陸部への敷設という要求が後退させられていく経緯を、次節でとりあげることにする。したがって、本章は、再び帝国議会開設以前の一八八〇年代にさかのぼった地点から叙述を始め、場合によっては日清戦後の時期も含めて、右の課題に迫ることにしたい。

写真5-1　黒田清隆（1840～1900年）

出所：北海道大学附属図書館編『明治大正期の北海道』写真編。

　さて、明治政府内において、初めて国防構想上に鉄道網の役割を位置づけて論じたのは、黒田清隆である。一八八三（明治一六）年一二月六日に、陸軍中将で内閣顧問の地位にあった黒田は、三条実美太政大臣に宛てて一通の建議を提出していた[1]。

　その中で黒田は、鉄道網の拡張が物流をさかんにして殖産興業に貢献するのみならず、兵備の配置においても革新をもたらすと力説する。各地の鎮台や駐屯地を結ぶ鉄道網を完成し、戦時において迅速に兵員や武器・糧食を移送できる態勢を整備しておけば、平時における常備兵の配置は削減することができ、経費節減につながるというのである。松方デフレ期において、政府の歳出削減が求められている政治情勢の中で、鉄道網の整備による陸軍兵備の合理化を唱えたのである。

　ただし、そのためには、鉄道は内陸部を経由するように敷設されていなければならない。線路が海岸沿いに面していると、戦時には敵艦の砲撃を受けて鉄道網が分断され、あるいは上陸してきた敵軍に利用されてしまうかもしれないからである。したがって、黒田の建議においても、東京と名古屋鎮台とを結ぶルートとしては、東海道ではなく、もっぱら中山道が想定されていたのである。

この建議が影響したかどうかは不明であるが、翌年二月二五日には、三条太政大臣が、当時鉄道局を管轄していた工部省に対し、鉄道線路の敷設や変更は軍事と関係があるので、そうした際には、鉄道局はかならず陸軍省と協議して判断をくだすようにという指令を出していた(2)。おそらくこれが、鉄道行政に陸軍が介入する道筋をつけた最初の制度であろう。防衛庁防衛研究所図書館に残る陸軍省の公文書などを見ていると、これ以後たしかに鉄道の新設や設計変更のたびに、陸軍省の意向を照会するため鉄道局から送付されてきた書類が目立つようになる。

二　参謀本部の鉄道関連要求

以上のような国防構想からすれば、東西両京を結ぶ幹線鉄道の経路は中山道にするという一八八三年の決定は、陸軍にとってはきわめて満足のいくものであった。ところが、一八八六（明治一九）年七月になって、にわかに中山道鉄道案は破棄され、東海道経由に変更されてしまった。しかも、この重大な決定過程に、参謀本部は関与できていなかった。その衝撃から、参謀本部では、鉄道政策決定過程に参入する制度の構築を強く求め始めるのである(3)。

その一つのあらわれが、一八八七（明治二〇）年七月に参謀本部が作成した「鉄道改良之議」と題する意見書である。参謀本部長有栖川宮熾仁《たるひと》親王は、この意見書を天皇に上奏する一方で、鉄道局長官に対して申し入れを行った。井上勝長官は、これに対して、七月一六日付けで上陳書を提出して返答するが、参謀本部ではさらに同月、それへの反論を試みるという具合に応酬がくり広げられた。

『日本鉄道史』上篇は、以上の応酬のうち、井上の上陳書は全文をのせているが、参謀本部の意見書は概略を記すにとどまる。また、井上の上陳書に対して同月に参謀本部の反論があったことについては、まったくふれていない。鉄道省編『日本鉄道史』全三巻（一九二一年）は、多くの史料が掲載されていて、鉄道史研究の基本的文献であることにはまったく異論はないが、ただ、この例のように、掲載史料の選別に際して、鉄道当局側のものにかたよる傾向が見られるので、その点は充分留意した上で利用する必要があろう。

　ちなみに、右に記した一八八七年七月の応酬に関しては、文書の原本が国立公文書館蔵「公文別録　自明治十九年至大正元年　内閣一」に収録されているので、双方の言い分を知ることができる。

　まず、論議の発端となった参謀本部の「鉄道改良之議」は、戦時の勝敗は平時からの出師《すいし》準備の整否にかかっているとし、鉄道網を人体の大動脈になぞらえて、部隊の迅速な移動を確保するための鉄道網の整備を求めることに主眼が置かれている。そして、具体的には、①敵艦隊からの攻撃によって線路が破壊されることのないよう、鉄道敷設に際しては極力海岸線から遠ざけること、②軌幅（レール幅）を現行の狭軌から広軌に改築し、複線化も実施して輸送力を増強すること、③現行の貧弱な車両やホームなどを改良して、戦時の大量軍事輸送に対応できるようにすること、④陸軍官憲を鉄道の協議の場に参加させること、などを求めているのであった。

　次に、この参謀本部の申し入れに対する井上勝の上陳書である。まず、①に対しては、日本のような険しい山岳が連なる国土に、あえて内陸部に幹線を敷くことは、建設に莫大な資金と時間を要し、完成後も運行上の浪費が著しい。そのため、全国を通じて幹線を内陸部に敷設せよとする要求など、とうてい受け入れられないと突っぱねる。②の広軌改築要求に関しても、現行の狭軌のまで改良工事をほどこせば輸送力の増強は可能であるとして拒絶する。複線化要求も将来の課題であるとして、にわかには受け入れがたいと言う。③については、些事にすぎないと片づける。わずかに④についてのみ、鉄道敷設計画の場に陸軍官憲を入れて軍事目的にも添えるように設計していくことができれば大幸であるとしている。ただ、そこに参加する軍人は、鉄道事業を熟知する者でなければならないと釘をさしている。そうでないと、架空の議論に走るばかりで、事業を阻害するおそれがあると言うのである。

　最後に、この井上の上陳書に対する参謀本部の反論である。その冒頭は、鉄道局長官の意見はもっぱら殖産興業のみが論じられ、国防上の利用に関してはまったく意に介していないと非難することから始まっている。そのことに象徴されるとおり、以下全編が、経済効率よりも軍事利用への便宜を優先すべきことを論じるのに費やされているのである。

以上の一八八七年における応酬は、文書のやりとりというレベルにとどまらなかった。有栖川宮邸に鉄道当局者を呼び出し、参謀本部員と直接協議する場も設けられていたのである。その協議に関して『日本鉄道史』は、意見の一致をみないまま物別れに終ったと記している。この点は、参謀本部側の証言からも確かめられる。

参謀本部次長としてこの時の協議に参加していた小沢武雄は、のちに貴族院議員に就任する人物であるが、右の協議の模様を回顧した発言を貴族院で行っている。[4] 議事録からその内容を要約して、以下に記しておく。

ある日、鉄道局長が部下四～五人を従え、陸軍側でも自分がそれぞれに関係する者を従えて、有栖川宮邸で研究をした。研究したと言えばたいへん穏やかだが、ほとんど議論を闘わせたといった感じである。陸軍側では狭軌のままでは輸送力に乏しく、作戦計画にさしつかえがあると主張したが、井上局長は日本の地形からみて、広軌化は不可能であると反論して、どうしても一致しない。それで、しかたがないから、とりあえず今はこのままにしておこうということになった。

井上長官の強い姿勢の前に、陸軍側としては要求を押し通すことはできていなかったのである。

参謀本部は、みずからの鉄道関連要求を政府内で主張するにとどめておくのではなく、広く出版物を通して公表することも試みる。一八八八（明治二一）年四月一〇日に出版された『鉄道論』と題する書物がそれである。これは、『明治期鉄道史資料』第二期第二集第二一巻に収録されているので、容易に見ることができる。内容面では、先の「鉄道改良之議」よりも詳細になっているものの、おおむね現下の鉄道が海岸に面している部分が多く、輸送力の点でも軍用には適さないと批判する点で大きな差異はない。

とはいえ、結局、今回の『鉄道論』の刊行も、成果をあげなかったと参謀本部には受けとめられていたようである。そのことを示すため、再び小沢武雄に証言してもらうことにしよう。今度は、第二議会を前にした一八九一（明治二四）年一一月に、貴族院議員らが鉄道関係議案を研究するために集まった際に、小沢が演説した内容である。(5)

小沢は、参謀本部の要職についていた時に、部内で討議して軍用鉄道論という冊子を著し、諸大臣はじめ鉄道当局者らに配布したと回顧している。前掲の『鉄道論』のことをさしているのであろう。しかし、ある大臣は、個人としては軍用鉄道論には賛成だが、自分一人ではどうしようもないと述べたという。また、他の大臣は、鉄道は殖産興業のために敷設するのであり、軍用鉄道は将来国庫が豊かになったのちに敷設するしかないと述べるなど、冷ややかな反応ばかりであった。そして、「遂に政府は参謀本部の意見を採用せられず、漸くにして今日に及びましたが」、「我輩が前日の論旨の行はれぬのは、実に千載の遺憾と思ひます」と不満をもらしていたのである。

以上のように、一八八七年の応酬や翌年の『鉄道論』の刊行は、幹線鉄道の内陸部敷設問題にせよ、広軌改築問題にせよ、参謀本部側にさしたる成果をもたらさないまま終り、挫折感だけが残ったのである。

こうして陸軍側の苦戦がめだつ一方で、陸軍の意向を鉄道行政に関与させようとする制度が整備されつつあったことも事実である。前述した一八八四年二月二五日付けの三条太政大臣からの通達に続いて、その後も、鉄道敷設に関して陸軍省への報告や協議が義務づけられる事案が増えていく。たとえば、一八八八年八月三日には、鉄道線路や輸送の実況は軍事上要用であるという理由から、現時の状況や将来新設の際の輸送状況などを、そのつど陸軍省に報告することが制度化されている。(6)

海軍も無関心だったわけではない。一八八九年一二月に、西郷従道《つぐみち》海軍大臣が三条実美首相に対し、従来は鉄道建設に際して海軍省に協議する例規はなかったが、港湾に終起点を定めたり、線路が港湾内を通過したりする場合は、海防上に関係してくるので、かならず事前に協議するようにしてもらいたいとの申し入れを行っている。(7)

このように制度面での整備は進められていくものの、鉄道政策上に軍部の意向が強く貫徹したかどうかについては、現実の政治の場面に目をすえて、もう少し検証を続けていかねばならないであろう。

そこで、本州を縦貫する幹線鉄道をすべて内陸部に敷設せよという、これまでのいくつかの意見書でも最も重視されていた要求が、はたしてどこまで実現したのかという分析基軸を設定し、それにそって検証を進めていくことにしたい。以下は、『日本史研究』四四二（一九九九年）に発表した拙稿「鉄道経路選定問題と陸軍」の論旨と重なる部分が多い。詳細な論証については、そちらを見ていただければ幸いである。

第二節　内陸幹線鉄道構想の挫折

一　日本鉄道の経路選定をめぐって

まず、あらためて参謀本部が構想する幹線鉄道の理想像を確認しておこう。のちに鉄道会議が発足すると初代議長に就任することになる川上操六《そうろく》参謀次長は、一八九一年に記した「日本軍事鉄道論」において、端的に次のように述べている。

「将来我国の鉄道をして国防上の要求を充足せしめんには、先づ青森より馬関に至るまで、成るべく海岸より離隔して我本州を縦貫し、且つ仙台・東京・名古屋・大阪・広島の如き大衛戍《えいじゅ》地を連接する一串の鉄道を完成せざる可からず。」

続けて川上は、こうした採点基準をもとに、当時すでに敷設されていた路線や鉄道敷設法予定線を評価していく。

まず、一八八九年七月に完成していたばかりの官設東海道線は、海岸線に接近した部分が多く、断じて軍事輸送の用をなさないと厳しく批判される。したがって陸軍としては、鉄道敷設法第一期線に盛り込まれることになる中央線の全線完成を急ぐべきであった。

神戸から西進して下関（馬関）までの路線を建設しつつあったのは山陽鉄道会社である。この区間に関しては、陸軍は、会社側が予定している広島以西の経路が許しがたかった。この点をめぐる問題については、のちに取り上げることにする。

写真5-2　川上操六（1848～1899年）

出所：『明治運輸史』。

東北地方では、日本鉄道会社による私鉄線として開業していた上野～青森間は、おおむね内陸部を経由しているが、わずかに宮城県の塩釜付近と青森県の野辺地《のへじ》～青森間の二か所において海岸に面していた。それだけのために、やはり落第とされる。この二か所が海岸線に接して敷設されることになったのには、以下のような経緯がある。

まず、塩釜付近に関してである。宇都宮～仙台間の工事がまだ進行中であった一八八六（明治一九）年四月、井上勝鉄道局長官が次のような願いを首相宛てに提出し、許可されていた[8]。それは、海上から建築資材を運び入れる便宜上、塩釜湾から仙台への運搬用線路もあわせて起工しておきたいという申し出である。ただ、当面はそうした理由で仮設線路として敷設するが、将来的にはこの仮設線を本線に転用したいという狙いも語られていた。そして、その狙いどおりに進行した結果、日本鉄道線はこの附近で旧陸羽街道を大きくそれて、海岸線に沿って走る箇所ができてしまったのである。

この時点で、そうした計画に陸軍がクレームをつけてきた形跡はない。しかし、陸軍が鉄道問題への関心を急速に強めてきた一八八七年時点では、すんなりとはいかなかった。

日本鉄道の工事区間がさらに北上し、盛岡～青森間のルートを確定する時期がきた際には、その予定ルートの一部が海岸線に接していたことに対して、陸軍は、はっきりと要求をつけてきたのである。

この問題の概略は、『日本鉄道史』上篇や『日本国有鉄道百年史』第二巻にも記述されているが、政府内での

写真5－3　工事中の青森駅

日本鉄道が上野～青森間の全通を果たすのは，1891年9月1日であった。
出所：『日本鉄道紀要』。

一連の交渉過程が、やはり公文書としてまとめて残されている(9)。それを読み解いていくと、以下に要約するようなやりとりがあったことがわかる。

・一八八七年一二月二八日　陸軍大臣大山巌《いわお》→鉄道局長官井上勝

盛岡以北の予定ルートは海岸線に接している箇所があり、戦時は敵に破壊され、かつ利用されるおそれがあるので、たとえば盛岡～大館～弘前～青森という内陸ルートに変更せよ。

・一八八八年三月六日　鉄道局長官井上勝→陸軍大臣大山巌

工事や運行上の難易度から見て、とうてい要求に応じがたい。野辺地～青森間は山が迫っているので海岸から遠ざけようがないが、他の区間はなるべく海岸から離して敷設するので、原案を認めてもらいたい。

・一八八八年四月一一日　参謀本部長熾仁親王→陸軍大臣大山巌

原案は国防的観点からは認めがたい。内陸経由でもう少し工事の容易なルートが発見できるかもしれないので、もっと測量を重ねるよう要求してほしい。営業面で会社が困難に直面するようなら、政府が特別保護を与えればよいではないか。

・一八八八年四月一七日　陸軍大臣大山巌→鉄道局長官井上勝

右記の参謀本部長の意見を送付する。

・一八八八年四月一八日　鉄道局長官井上勝→内閣総理大臣伊藤博文

陸軍省の要求はとうてい認められない。これ以上陸軍省と協議する余地はないので、この上は閣議の判断を仰ぐしかない。だいたい参謀本部の論は、先日刊行された『鉄道論』を見てもわかるとおり、国防一辺倒にすぎる。鉄道は、まず殖産興業と富国の具とするのが第一で、国が富めば、おのずから軍事にも利用できるようになろう。

・一八八八年四月二五日　閣議決定

鉄道経路は国防上の得失のみで論定すべきでなく、施工の難易や運輸・殖産興業等の便否も考慮しなければならない。陸軍省が主張する大館・弘前経由ルートは、巨額の資金と日時を要し、とうてい速成できない。よって鉄道局計画どおり実施するように。

軍事的価値と経済的メリットとの衝突が生じたこのケースにおいて、第一次伊藤博文内閣の閣議決定は、井上鉄道局長官の上申をそのまま採択し、陸軍の要求をおさえこんだものだったのである。先に見た小沢武雄の挫折感の一因には、以上のような事実も含まれていたものと思われる。

こうして、日本鉄道の全区間のうち、塩釜付近に続いて、青森～野辺地間においても海岸線に露出する結果となっていたのである。

わずかな区間だから目をつむればいいようなものだが、参謀本部はどうしても我慢ならなかったようである。日本鉄道全線開通後も、参謀本部では、この二か所については、内陸部を経由するバイパス線を別に新設するよう求め続ける（図5－1参照）。

ところが、一八九一年七月に井上勝鉄道庁長官が提出した「鉄道政略に関する議」の中に、新たに官設鉄道として奥羽線を建設する計画が盛り込まれていることを知ると、陸軍ではこれを歓迎した。軍事的観点からは落第である日本鉄道会社線にかわって、青森から東京までを完全に内陸経由で結ぶ一串の幹線が、これで実現すると考えたからである。井上としても、「鉄道政略に関する議」において奥羽線敷設のメリットを説く際に、殖産興

図5−1　参謀本部作成鉄道図における要求路線

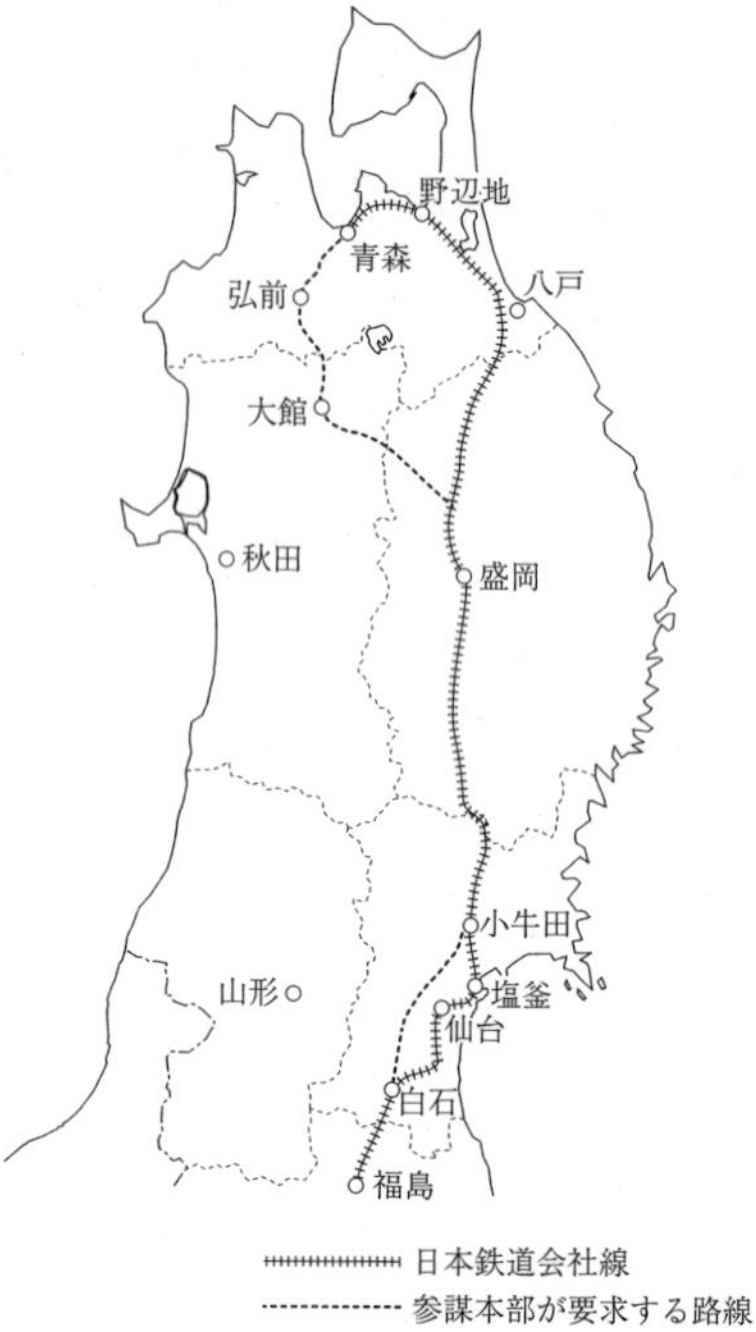

業以外に、国防上の必要性がある点を付記していた。かつては陸軍の要求をはねつけたこともあった井上ではあるが、政府に新路線着工の承認を得るための論理構成にあたっては、ちゃっかりと軍事的要請も盛り込んでおいたのである。

こうして奥羽線は、第三議会で成立した鉄道敷設法において官設第一期予定線とされ、混乱をきわめた第四議会においても、奥羽線の着工予算については認められたことは前述した（86頁）。ただし、その際には述べなかったが、実はここでも陸軍は、その経路選定をめぐって手痛い敗北を喫している。以下、もう少し詳しくその経緯を見ていくことにしよう。

二　奥羽線の経路選定をめぐって

日本鉄道の福島駅から分岐して、山形・秋田・弘前を経由して青森に達する奥羽線は、鉄道庁の設計案によれば、わずかに秋田～能代間で海岸線に接している区間があった。そこで、陸軍が鉄道敷設法に対する要求内容をまとめた文書[10]の中で、次に要約するように述べて、この区間のことを強く非難していた。

奥羽線も秋田～能代間で海岸に露出する「大患」を免れない。もし奥羽線が一か所でも海岸に接近しているとすれば、日本鉄道と比べてすぐれている点は何もないことになる。そこで我々は、全力を尽くしてこの

「病害」を最小限にすることを図らなければならない。

「大患」「病害」といった文言は、この文書に使われているとおりの表現である。鉄道線路が海岸に面することを、そういった厳しい語句で言い表し、一か所でも不適格な区間があれば、全線が何のメリットもなくなると非難していたのである。

そこで参謀本部では、第四議会を前にして秋田近辺での経路に関する自案を打ち出すため、現地の踏査を実施していた。派遣されたのは、参謀本部第一局員で歩兵大尉の明石元二郎であった。長く参謀本部に勤務し、のちの日露戦時にはヨーロッパに派遣されて対ロシア諜報工作に従事することで有名になる人物である。

図５－２　奥羽線秋田～鷹巣間の経路案

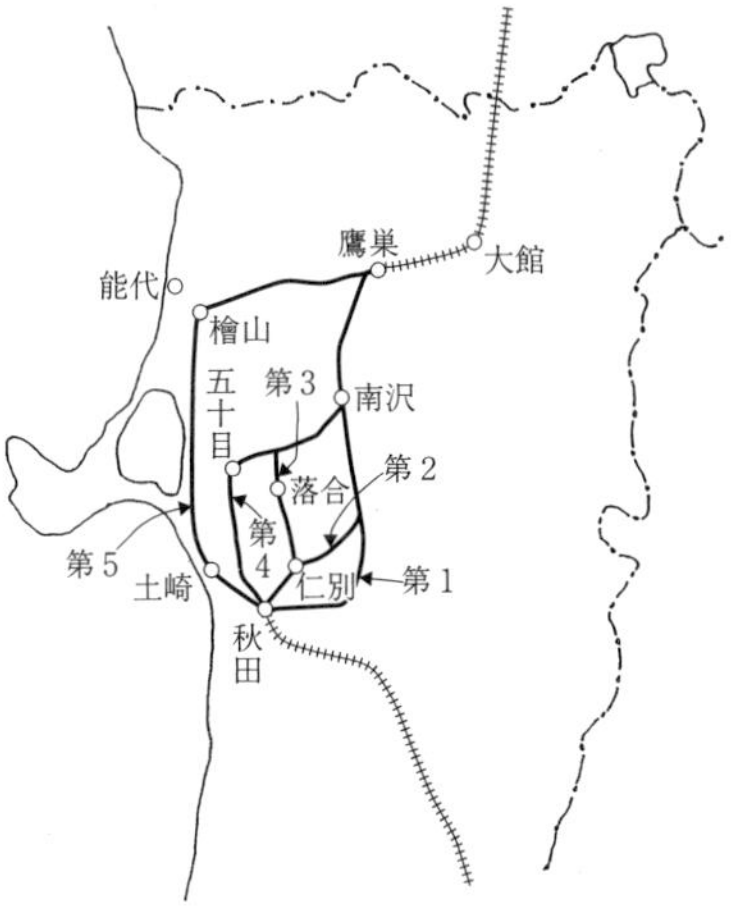

その明石の復命書は、一八九二年一一月四日付けで提出されていた[11]。それによれば、秋田から鷹巣《たかのす》までで経路に関しては、内陸部の仁別を経由する第一から第三までの路線と、中間線の第四路線、そして最も海岸に接し、かつ鉄道庁案でもある第五路線の五ルートが候補としてあがっていた（図５－２参照）。

それらの比較検討の結果、まず、第五路線はまったく軍事上の顧慮がなされておらず、候補として取り上げる価値がないとまで極言されていた。他方、内陸路線をとった場合は、長いトンネルを掘ったり多くの橋をかけたりする必要があり、難工事が予想されるが、その中では第三路線が比較的容易であると判断された。したがって、明石の結論は、多少の困難があっても第三路線をとるべきであり、工費や労力を節減するために譲歩したとしても第四路線よりは譲れないというものであった。

その後、参謀本部と鉄道庁との間でどのような交渉がもたれたかは不明である。当時逓信省に勤めていた田健《でん》治郎の伝記には、第四議会前にいくつかの路線選定をめぐって陸軍・逓信両省の会合がもたれた際の、あるエピソードをのせている。(12) 経済効率を無視して内陸線採択を迫る陸軍省側に対し、酒気をおびた黒田清隆逓信大臣が一喝を加え、海岸線をとる逓信省案が認められたという記述である。黒田は酒乱で有名だっただけに、陸軍関係者としては、逆らわないのが賢明だったのであろう。

これは一八九二年九月のことと記されている。したがって、この場で問題になっていたのは奥羽線ではなく、北越線の比較線選定問題であろうと思われる。新潟までを鉄道で結ぶにあたって、陸軍は上越線などの内陸経由線を主張していたにもかかわらず、第四議会に提出されてきた政府の比較線決定法案では（83頁）、海岸沿いの直江津〜新潟間が採択されていたからである。ここでもいったん陸軍は譲歩を余儀なくされていたのである。

しかしその後、同年一一月の明石復命書の提出を受けて、奥羽線に関しては、陸軍は猛然と巻き返しをはかり、自案を政府案とさせることに成功したようである。第四議会に政府から提出する鉄道関係法案が、一八九三年二月一二日の鉄道会議に諮問されてきた際、奥羽線に関しては、当初の鉄道庁案（第五路線、檜山線）は破棄され、明石復命書の第三路線（仁別線）をとることになっていたのである。

鉄道会議の場で一貫して陸軍の立場を説明していたのは、陸軍次官の児玉源太郎であった。経済的メリットを優先させて檜山線をとったなら、日本鉄道と同じ欠陥をかかえ込むことになり、陸軍の戦時国防構想そのものがくずれるとして、児玉は、かたくなに仁別線への賛同を求めるのであった。

しかし、建設費の面では、差は歴然としていた。奥羽線の総延長と建設費総額を比較して示した表5－1からも明らかなように、仁別線をとった場合は、檜山線に比べて、実に五二二万円もの負担増が見込まれるのであった。年間の国家予算が八〇〇〇万円程度であった当時の日本において、たとえ一二年間にまたがる継続費とはいえ、奥羽線のために五二二万円もの増支出を求めることは無謀に近かった。加えて、海岸沿いの檜山線をとった場合は、秋田市の外港である土崎や、県北の良港能代などと結んで海陸連絡を図ることができ、地域経済の活性化も期待できる。それだけに、この日の鉄道会議においては、異議が続出した。

まず、実業界代表の渋沢栄一が、軍部の言うままに、商工業に何のメリットもない路線を採択したとしたら、

表5－1　経路別の奥羽線の距離・建設費

	距　離	建設費
仁別線経由	約291マイル	2,108万円余
檜山線経由	約298マイル	1,585万円余

出所：拙稿「鉄道経路選定問題と陸軍」。

我々はいかなる了見で鉄道会議に列席しているのかわからなくなるという趣旨の意見を述べ、果敢に反対に立っていた。同様に、大阪商業会議所から選出されていた田村太兵衛も、経済面を重視するという立場を強調して、渋沢に賛成する。

さらに、衆議院議員中から選出されていた佐藤里治もまた、まずは奥羽線関係予算の成立すること、つまり議会を通過するということを第一義的に考えてもらいたいと述べて、陸軍の譲歩を求めていた。衆議院においてなおも「民力休養」を求める空気が根強い政治状況では、ことさら財政支出を膨張させる案を提出すれば反発を引き起こすことは当然予想され、そうした混乱のあおりを受けて奥羽線建設費そのものが否決されてしまうことを、山形県選出議員としては心配していたのであろう。

こうして議論が沸騰した結果、採決は翌日に持ち越された。そして、多数決の結果、一二対一一の僅差ながら、原案を破棄して檜山線を採択することが可決された。無記名投票のため、賛否の色わけはできないが、それまでの発言内容から、檜山線に投じたのは、渋沢栄一・田村太兵衛の実業界代表、村野山人・佐藤里治・伊藤大八・渡辺洪基ら衆議院議員、若尾逸平（貴族院議員）らであると思われる。他方、仁別線への賛成発言をしていたのは、児玉源太郎・高橋維則（参謀本部第二局長）ら陸軍関係者、河津祐之（逓信次官）・田健治郎らの逓信官僚が中心であった。

以上のように、二月一三日の鉄道会議において、仁別線案は、経済的効果と建設費低減を求める実業家や衆議

写真5－4　児玉源太郎（1852～1906年）

出所：『児玉大将伝』。

院議員らの反発のまえにいったん否決された。川上操六参謀次長が議長として議事進行にあたっていたにもかかわらず、その眼前で、陸軍の意向は否定されたのである。

しかし、問題はこれで終らなかった。なぜならば、政府は、鉄道会議での決着と答申を待たずに、仁別線をとることを見越した上での鉄道建設費予算案を衆議院に提出してしまっていたからである。鉄道会議の権限が問われる事態であり、このことが、二月一二日から一三日の鉄道会議の紛糾を増幅させた要因でもあった。これに対し、政府は、衆議院提出案の説明の際には、鉄道会議では異なる答申が出されたことを紹介するということで、とりあえず事態の収拾をはかった。

この結果、二月一六日の衆議院本会議で鉄道関係議案の審議が開始された際には、政府委員として説明にあたった鉄道庁の松本荘一郎部長が、檜山線支持という鉄道会議の答申を披露したのち、それでもなお政府は軍事的役割を担う路線であるので、仁別線をとることを原案として提出したと述べていたのである。

こうして議論は、衆議院でも続けられることになった。そして、ここでも全く同様のやりとりがくり返された。山形・秋田地方の殖産興業という目的をこめて奥羽線の敷設が計画されてきた以上、軍事目的ばかりが優先されて経済的メリットに欠ける仁別線を認めることはとうていできないという意見が続出する。他方、政府委員として説明にあたった児玉源太郎は、衆議院の場でも、かたくなに陸軍の主張をくり返していた。

しかし、衆議院での採決の結果、あっさりと檜山線を採択することが確定した。鉄道敷設法においては、たしかに鉄道会議の権限にはあいまいな点もあったが、帝国議会に関しては、鉄道建設費予算や着工順序などに協賛を与える権限をもつことが明確だった。衆議院は、みずからの権限を利して、陸軍の主張をはねつけたのである。

　こうして奥羽線は、福島から米沢・山形など山間部を経由し、秋田駅を出たのちしばらくは、左手かなたに日本海の波音を聞きつつ北行する経路をとることになったのである。

写真5－5　開業当時の秋田駅

奥羽線は南北から建設が進められる。青森から敷設された路線が，秋田に達するのは1902年10月である。
出所：『奥羽鉄道建設概要』。

三　山陽鉄道広島以西の経路選定をめぐって

　次に、陸軍が描く本州縦貫内陸幹線鉄道構想からすれば、もう一か所の「欠陥」である山陽鉄道広島以西の経路の選定をめぐる状況について見ていくことにしよう。

　山陽鉄道が一八八八年一月四日に神戸～下関間の敷設免許を得た際、そこには、広島より西の経路については、軍事上変更を要する可能性もあるので、敷設工事に着手する前に、もう一度指揮を請うように、という但し書きがついていた。その理由は、交通博物館が所蔵する山陽鉄道会社関係の「鉄道院文書」をひも解くことによって明らかになる。すなわち、例規にしたがって鉄道局が陸軍省に対し、経路をめぐる照会を文書で行ったのに対し、一八八七年一二月二七日付けで大山巌陸軍大臣が、次のような回答をしていたのである。

　「山陽鉄道布設線路之義に付、先般当省意見御照会之趣了承。右は広島以東の線路に在りては当省に於て支障も無之候得共《これなくそうらえども》、広島以西之義は其線路海岸に暴露する箇所多くして、軍事上より論ずれは、可成《なるべく》海岸より離隔候様致《いたしたく》度、此段及《およびおこたえに》御答候也。」

ここでも、海岸線に面して鉄道を敷設することを嫌う陸軍の意向が伝えられ、免許状に異例の但し書きが付されていたのである。これは、たしかに陸軍が鉄道政策に介入した一つの例と見ることができる。しかし、結論を先に言っておけば、結局陸軍はその意向を貫徹できなかったのである。

ところで、その前に、なぜ広島以西の区間だけが槍玉にあがっているのだろうかという疑問がわくのではなかろうか。山陽鉄道（現・山陽本線）の広島以東の経路にだって、たとえば須磨～明石間や尾道～三原間などのように、海岸線すれすれに敷設されている箇所が少なからずある。これらは陸軍にとって問題ではなかったのであろうか。

実は、陸軍の戦時国防構想によれば、砲台の築造などによって紀淡海峡と鳴門海峡は封鎖でき、西は広島県と愛媛県の間の芸予海峡も封鎖して、敵艦の侵入を阻止できると想定していた。つまり、瀬戸内海の東半分は安全な海だったのである。しかし、四国と九州の間にある豊予海峡は、幅が広い上に潮流が激しく、海上封鎖は不可能であった。広島以西の瀬戸内海西部は、外海同然の無防備な状態だったのである。したがって、この部分を通過する幹線鉄道は、どうしても内陸部を経由させなければならなかったわけである。

さて、神戸から始められた建設工事は、当初は順調に進み、一八九二年七月には広島県の三原（現・糸崎）まで開通していた。その後、いったん工事は中止されたのであるが、日清戦争開戦直前の一八九四年六月一〇日には、広島市まで開通していた（コラム⑤参照）。

ところで、広島開通に先立つ一八九三年七月に、山陽鉄道会社では、免許状の但し書きに従って、広島～下関間の経路に関して申請書を提出していた。そこでは、海岸沿いの経路をとることが予定されていた。これに対して参謀本部は、会社側の申請案を拒否し、津和野か須々《すす》万《ま》を経由する内陸ルートをとることを求めてきた。これを受けて、大山巌陸軍大臣は、同年九月二二日に閣議にはかり、もっぱら軍事上の要請として内陸ルートをとらせたいと提案してきた（図5－3参照）。

図5-3　山陽鉄道広島～下関間の経路案

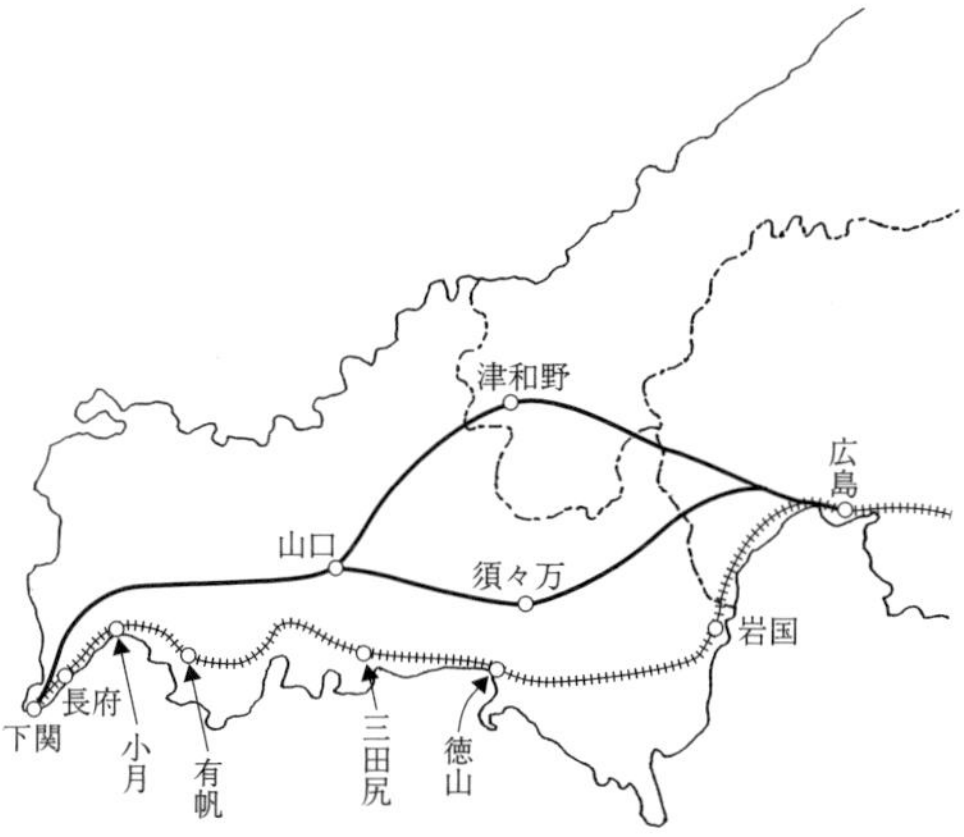

表5-2　山陽鉄道経路別の建設費・純益比較

	距　離	建設費	純益見込
津和野線	約156マイル	2,528万円余	57,205円
須々万線	約147マイル	1,895万円余	36,949円
海岸線	約130マイル	591万円余	238,961円

出所：拙稿「鉄道経路選定問題と陸軍」。

しかし、ここでも経済的条件の差異は歴然としていた。表5-2からも明らかなように、岩国・徳山・三田尻など山陽道沿いに都市が連なる海岸ルートの場合は、距離が短い上に建設費も安く、しかも開業後の純益や収益率の点でも、内陸ルートとは比較にならなかったのである。加えて、海岸ルートならば二年で建設可能と見積もられていたのに対し、内陸ルートでは一〇年もかかると見られていた。そのため閣議では、陸軍大臣が強く求めた内陸ルートへの変更を決定するまでには至らず、軍事目的と経済効率とを適合しうるよう、さらに精密な測量を経て検討を重ねた上で、再度閣議に提出するということになり、経路の確定は先送りされたのである。

　そこで参謀本部では、同年一〇月より技師を派遣して、独自の測量を始めた。しかし、翌年に始まった日清戦争に多数の技師が動員されたため、実測は停止していた。この間、竣工年限が迫っていた会社側では、すみやかな認可を政府に求めてきた。また、衆議院においても、山陽鉄道に関係する代議士らが、質問書や建議案を提出し、認可を遅らせている政府を非難する動きを示していた。

　こうした事態の中で、参謀本部としても、この件について早急に決断をくださざるをえない状況に追い込まれていた。そして、参謀本部御用取扱の職にあった児玉源太郎が、一八九五（明治二八）年四月二三日付けで伊藤博文首相に提出した意見書は、従来の参謀本部の要求を大きく後退させた内容となっていた。津和野あるいは須々間経由の山間ルートは、建設費や営業費の点で海岸ルートとは比較にならず、軍事と経済とを両立させることは断念せざるをえないと述べていたのである。

こうして参謀本部が折れたことで、政府は、とりあえず広島から三田尻（現・防府市）までは会社側申請どおり海岸線に沿う経路での敷設を認可することとした。そして、三田尻以西の有帆《ありほ》（現・小野田市）と下関の区間のみは、参謀本部の懸念が強く示されていたため、山間部を経由するように諭達したのである。

しかし、これ以後もなお事態は紛糾を続ける。会社側では、右の諭達に示された有帆～下関間の山間ルートでは、建設費が六〇万円ほど余計にかかるほか、人家に乏しくて営業収益が見込めないことなどを理由にして、一八九六（明治二九）年一月に、新たに山間線と海岸線の中間ルートを敷設したいと申請してきたのである。

これに対し、参謀本部や陸軍省は激怒した。このたびの申請も会社の利益しか考えておらず、軍事的要請はまったく度外視していると批判して、もし会社側が従わないのであれば、山陽鉄道会社線の西端は三田尻にとどめ、残る区間は官設にしてでも山間線を敷設すべきであるという強硬な意見書を提出してきたのである。しかし、会社側でも負けてはいない。同年四月二七日の株主総会にこの件をはかり、中間ルートが満場一致で支持されたのを受けて、再度このルートで敷設したいと申請してきた。

こうした対立を受けて、同年一二月一四日に逓信省が会社側に示した経路は、小月《おづき》～長府間の約四マイルは海岸沿いに敷設することを認め、残る区間は比較的内陸部を通すというものであった。ここでも、陸軍の要求はかなり後退させられたのである。

以上のように、山陽鉄道広島以西の経路選定問題もまた、軍事的要請と経済効率のいずれを優先させるかのせめぎあいだった。そして、その経緯はすでに明らかなように、会社側の再三にわたる強い姿勢を前に、陸軍側が後退を重ねる一方だったのである。

本州縦貫幹線鉄道をすべて内陸部に敷設せよという陸軍の要求自体が、もともと荒唐無稽で実現不可能なものなのだから、日本鉄道・奥羽線・山陽鉄道の一部区間でその要求が後退させられたからといって、ことさら陸軍の失点だと強調する必要などないという意見もあるかもしれない。しかしこの要求は、鉄道会議・衆議院の場やさまざまな意見書の類で執拗にくり返されていたものであり、陸軍としては必死で実現をめざしていた。ハードルは彼ら自身が設定したものであり、私が無理難題をふっかけたわけではない。そして、彼らはこのハードルをクリアーできなかったのである。

本章冒頭で述べたように、これまでは軍部が鉄道政策を自由にあやつっていたかのように記された叙述が多かった。しかし、さまざまな事実を発掘してつき合わせ、事実をもとに評価をくだしていくのが歴史学の常道である。今後は、本章で明らかにしてきたような事実も加味して、軍部と鉄道との関係についての研究が深められていくべきであろうと考える。

【参考文献】

(1) 原田勝正「鉄道敷設法制定の前提」(『日本歴史』二〇八、一九六五年)。
(2) 『工部省記録』鉄道之部巻二九。
(3) 鈴木淳「軍と道路」(高村直助編『道と川の近代』山川出版社、一九九六年)。
(4) 『帝国議会貴族院委員会議事速記録』一〇(臨川書店、一九八三年)一八一頁。
(5) 交通博物館蔵「鉄道に関する意見」。
(6) 国立公文書館蔵「公文類聚」第一二編巻九。
(7) 国立公文書館蔵「公文類聚」第一三編巻四六。
(8) 国立公文書館蔵「公文類聚」第一〇編巻三四。
(9) 国立公文書館蔵「公文別録　自明治一九年至大正元年内閣一」。
(10) 防衛庁防衛研究所図書館蔵「鉄道会議等に関する書類」に収録。
(11) 防衛庁防衛研究所図書館蔵「鉄道会議関係書」に収録。
(12) 『田健治郎伝』(一九三二年)八七〜八九頁。

コラム⑤　日清戦争と広島

山陽鉄道が広島まで開通した一八九四年六月は、日清戦争の直前であった。朝鮮の農民による甲午農民戦争（東学党の乱）を鎮圧するために清国が派兵するとの急報がもたらされ、日本政府も朝鮮に対抗出兵することを閣議決定して、六月五日には大本営が設置されるなど、風雲急を告げる事態が進行している最中だったのである。

日清戦時下の広島市の状況を書きつづった貴重な記録である『広島臨戦地日誌』もまた、六月一〇日の山陽鉄道落成式に先立って、六月八日からは、令状を所持した召集兵に利用の便宜を与えるため、列車が運行されていたと記している。正式開業以前に、兵士の動員のため、広島まで汽車が走っていたのである。

実際に日清間での戦端が開かれるのは七月下旬、宣戦布告は八月一日であった。この日清開戦にあたり、九月には広島に大本営が移されてくるなど、広島が戦争遂行の前線基地という位置づけが与えられた。もともと広島には第五師団が置かれていたことに加え、山陽鉄道が広島まで開通して、全国的な幹線網の西端に位置することとなったという交通の便宜も要因になったものと思われる。

また、広島駅に到着した兵士や物資を、派出地点である宇品港まで輸送するための宇品線（三マイル四六チェーン＝五・七五km）が、八月四日からわずか一七日間の突貫工事で完成したことは、戦時下における軍用線敷設の一例として有名である。

これ以後、広島は「軍都」として発展していくことになるが、その出発点は、山陽鉄道の開通と重なりあうのであった。

第6章　日清戦後の私鉄熱と地方社会

第一節　私鉄熱の高揚

一　鉄道敷設法と私鉄

本章は、日清戦争後から日露戦争までの約一〇年間を対象とする。第4章までの叙述の延長上に位置づけて、引き続き地方社会の動向に視点をすえる。この時期の地方鉄道網の拡張については、すぐ後に述べるとおり、私鉄熱の高揚と衰退という要素を含み込んで考えていくことが重要になってくる。

さて、鉄道事業に大きな打撃を与えた一八九〇年恐慌から続く不況局面は、一八九三（明治二六）年下半期頃から回復に向かい、にわかに私鉄起業の動きが目立つようになっていた。一八九四～五年の日清戦争下では、各種事業は一時的に逼塞《ひっそく》を余儀なくされたが、戦勝により、日本円にして約三億六〇〇〇万円の賠償金が得られることが明らかになると、日清戦後の一時期には空前の好景気がおとずれた。各地で旺盛な起業熱が巻き起こってくるが、その中心は鉄道業であった。

この時期の私鉄熱の高揚ぶりは、表6－1から明らかとなる。これは、各年度において仮免許申請中である会社の件数と、それらの予定資本金総額を『鉄道局年報』から集計したものである。一八九三年から目立つようになった起業件数の増加が、日清戦争中に停滞するものの、一八九六～七年には突出した件数を記録しており、異常なまでのバブル景気を迎えていたことがわかるであろう。

次に、こうした時期の私鉄業の動きを、鉄道敷設法に記された官設予定線との関係にそくして整理しながら、いくつかのケースを見ておくことにしよう。

第1章で述べたとおり、一八九〇年恐慌の影響によって山陽鉄道会社と九州鉄道会社は、未成区間を残したまいったん工事を中断していた。このため鉄道敷設法では、三原～下関間や佐賀～佐世保および長崎間、熊本～三角間などが官設第一期予定線とされていたわけである。しかし、両社では、社債の発行などで建設工事を継続し、全線開通をめざすことにした。したがって、これらの区間は鉄道敷設法には記されたままではあったが、実質的に政府は、官設にて建設する負担は免れることになった。経路選定をめぐる陸軍からの介入をはねつけながら、山陽鉄道会社が下関までの予定区間を全通させるのは、一九〇一（明治三四）年五月二七日のことであった。会社創設から一三年という年月が経過していた。

また、九州鉄道会社では、一八九六（明治二九）年一一月二一日に門司〜八代間の全通を果たし、宇土から分岐して三角に達する支線も、一八九九（明治三二）年一二月二五日に開通していた。長崎方面では、佐賀から早岐に出て、そこから佐世保と長崎に向かう線を分岐するように設計変更し、佐世保へは一八九八（明治三一）年一月二〇日に達した。一方の長崎（現・浦上）までの区間も、同年一一月二七日に全通していた。第二議会期から長崎市をあげて取り組まれてきた鉄道実現運動がようやく実り、長崎から門司へ向けた直通列車が、歓喜の渦の中を、この日に走り出したのである。

次に、鉄道敷設

表6－1　仮免許申請中の会社の件数と資本金額

年度	件数	資本金額
1892	6件	3,943,000円
1893	60	61,465,832
1894	51	103,091,831
1895	99	162,535,045
1896	555	796,020,229
1897	307	443,822,454
1898	44	83,655,000
1899	43	82,620,000
1900	31	56,980,000
1901	28	57,687,000
1902	24	55,305,000
1903	22	53,485,000

出所：前著『近代日本の鉄道政策』122頁。

写真6－1　開業した頃の長崎駅（現・浦上駅）

出所：交通博物館蔵。

法における比較線選定競争に勝ち抜き、第一期線に採択されたにもかかわらず、同じ区間を私鉄会社にて敷設することを出願してきた各社についてである。

まず、北越線をめぐる三択の競争に勝った直江津〜新潟および新発田の区間には、一八九四年四月に北越鉄道会社が線路敷設を出願し、認可を受けていた。出願者は渋沢栄一ら二一名で、資本金は三七〇万円である。一八九五年一二月一二日には本免許を受け、翌年三月から起工していた。そして、一八九九年九月五日には、直江津〜沼垂《ぬったり》（現・新潟市）間が開通する。残る新津〜新発田間については、工事に着手する以前に、一九〇六年公布の鉄道国有法によって北越鉄道会社が買収されたことで、のちに国鉄線として敷設されることになる。

和歌山線をめぐる競争に勝った高田〜和歌山間の経路には、南和鉄道（高田〜五条間、資本金五〇万円）と紀和鉄道（五条〜和歌山間、資本金一四〇万円）が出願しており、ともに認可を受けた。南和鉄道が本免許状下付申請をした際の発起人総代は、かつて比較線選定競争において大和線採択に向けた猛運動を展開していた桜井徳太郎であった。紀和鉄道会社の方にも、桜井徳太郎が創設時の社長に就任している。鉄道実現運動が、官設鉄道誘致から私鉄会社設立へと方法が変わっても、運動推進者の人的系譜は同じであるという例が、ここでも確認できる。

南和鉄道は一八九六年一〇月二五日に、紀和鉄道は一九〇〇年一一月二五日にそれぞれ予定区間を全通させた。ただし、ともに短距離の路線であるため、開業後の経営状態は思わしくなかった。そのため、両社の合併談も持ちあがるが、難航を続ける。結局紀和鉄道は一九〇四年八月に、南和鉄道は同年一二月に、ともに関西鉄道会社に買収されていくという形で経営統合が果たされることになった。その関西鉄道もまた、一九〇六年の鉄道国有法によって政府に買収される。

同様に舞鶴線の経路選定競争に勝利した京都〜舞鶴間にも、京都鉄道会社が私鉄での敷設をめざすが、これについては、のちにあらためて取り上げることにする。

以上のような第一期線のほか、鉄道敷設法の第二期線にとどめ置かれたままで不満をつのらせていた地域では、なおさら私鉄での実現をめざす動きが顕著となってくる。その典型例は、これも先に詳しく見た福島県の岩越鉄道であろう。

さらには、熾烈な誘致運動を展開したにもかかわらず、比較線選定に敗れてしまった地域においても、おりからの起業熱は絶好の機会の到来と見なされ、同じ区間を私鉄線で敷設することが出願されてくる例が多い。第4章第二節で取り上げた中国鉄道会社はその好例である。

本書でこれまで頻繁に登場してきた長野県の伊那谷にも、私鉄計画が登場してくる。経路選定競争で敗れた「遺恨は遣《や》る方なく、終《つい》に私設鉄道として、伊那線の敷設を見むことを希望するに及べり[1]」と言われているとおりである。

かつて伊那線採択運動を熱心に展開していた伊原五郎兵衛（68頁）らが、松本出身の辻新次（著名な教育行政家）らと図って、一八九五年一二月二七日に出願した伊那電車軌道株式会社がそれである。これは、中央線が通過する予定の辰野駅と伊那地方の中心である飯田町との間の約四〇マイル（六四・四㎞）を、当時としては珍しい電気鉄道によって結ぼうとする計画であった[2]。ただし、その後の不況の到来などもあって、計画は遅延を重ねてしまい、その実現は日露戦後にまで持ち越されることになる。

ところで、この時期の私鉄熱は、その本質を言い表すにあたって、しばしば「泡沫的」という表現が使われてきた。東京や大阪の投資家が、ろくに現地調査もせずに地図上に線を引いただけで計画を立て、ずさんな見積りや甘い需要予測をもとに出願してきたものが多かったというわけである。同一の区間を複数のグループが出願し、競合しているようなケースも多い。たしかに「バブル」状態であるとしか理解できない側面は強い。

しかし、そうした観点だけでこの時期の私鉄熱を評価し終えてしまうというのは問題があると思う。地域の浮沈をかけて官鉄誘致運動を展開してきた地域が、そのまま このたびの起業熱に乗って私鉄の出願に方針転換し、鉄道実現運動を継続するケースを、本書においてこれまで多数見てきた。そうであるならば、結局は日の目を見なかった「幻の鉄道」であっても、それぞれの私鉄計画が、地域社会からのいかなる要請に立脚したものであるかが、緻密に分析されなければならないであろう。十把一絡げにバブルの産物にすぎないと片づけるわけにはいかないと思うのである。

幸い最近の鉄道史研究や地方史研究においては、そうした観点から書かれた論文が量産されつつある。私自身も、かつて広島に勤務していた際に、広島県域における鉄道網の形成過程について論文を書いたことがある。[3]その結果、この時期に私鉄計画が多数登場してくる地域的要因として、①鉄道網から取り残された地域のあせり、②物資集散地の位置をめぐる地域間競争、という二点が重要ではないかと考えた。以下、そこで紹介した広島県の事例や、その後に調べた他の事例もふまえて、あらためてこの二つの論点について述べていきたい。

二　兵庫県龍野地方の鉄道実現運動

一八九〇年代は、東海道線の全通や鉄道敷設法にもとづく官設線の新規着工、日本鉄道・山陽鉄道・九州鉄道などの幹線的私鉄線の竣工といった動きを受けて、ほぼ全国的幹線網の骨格が形成された時期であった。自地域に鉄道が通じているかどうかは、地域の浮沈を左右する最大の要素となっていた。近世以来の交通体系上では繁栄を誇っていた宿場町や港町でも、鉄道沿線から外れてしまっては、衰退の一途をたどるしかないという危機感が全国に浸透していった時期であった。したがって、そうした地域では、なんとかして全国的幹線網につながる路線を敷設して、鉄道時代に乗り遅れまいとするのである。

まず一例として、兵庫県下の揖西《いっさい》郡龍野《たつの》町（現・龍野市）の場合を見てみよう。龍野は、脇坂氏を藩主とする龍野藩の城下町である。醤油や素麺《そうめん》などの在来産業が盛んで、その産品は揖保《いぼ》川舟運を利用して河口の網干《あぼし》（現・姫路市）まで運ばれ、そこから京都・大坂へ出荷されるという水運ルートが開かれていた。ただし、冬場は明石海峡の風波が激しいため、輸送方法の改善が課題であったという。

やがて、一八八九年から九〇年にかけて、山陽鉄道会社による鉄道敷設工事がこの地域にまで進んでくる。一八九〇年七月には揖保川橋梁が完成し、現在地に龍野駅が設けられた。ところが、その位置は、市街地からは五kmほど南に離れてしまっていた（図6－1参照）。こうしたことから、龍野町と山陽鉄道を結びつけようとする動きが登場するのである。

　その中心となるのは、龍野醤油醸造同業組合長の横山省三という人物である。[4] 鉄道敷設法における比較線選定が問題となっていた第四議会期に、横山は、『山陰山陽聯《れん》絡線中龍野線の意見』と題する意見書（『明治期鉄道史資料』第二期第二集第二八巻に収録）を刊行して運動を開始していた。その内容は、陰陽連絡線の三つの比較線のうちでは、姫路～境間（東方線）を支持した上で、その起点を姫路ではなく、龍野駅と改めさせることで、龍野市街を鉄道が貫通するよう狙ったものである。姫路起点となった場合は、地形の関係上、またしても龍野市街地を迂回して敷設されるおそれがあったからである。幸い鉄道敷設法には、「姫路近傍」を起点とするというあいまいな表現しか使われていなかった。そのため、龍野駅を起点とするよう変更する余地があると見られたのである。

　横山の意見書では、鉄道が龍野市街を通るようになれば、醤油や素麺などの「無数の産物は、忽《たちま》ち鉄道利用の道を得て、頓《とみ》に其販路を拡張し、産業俄然活気を呈して、殆んど今日の面目を一新せん」と述べられ、大量輸送機関の実現による地場産業振興への期待感が表明されていた。

　その後、全国的に私鉄熱にわいていた一八九六年三月頃には、この地域でも、資本金五四万円で西播鉄道株式会社を設立し、網干港から龍野・新宮を経て宍粟《しそう》郡山崎町まで鉄路で結ぼうとする計画が浮上していた。[5] 山崎も

図6－1　龍野町周辺図

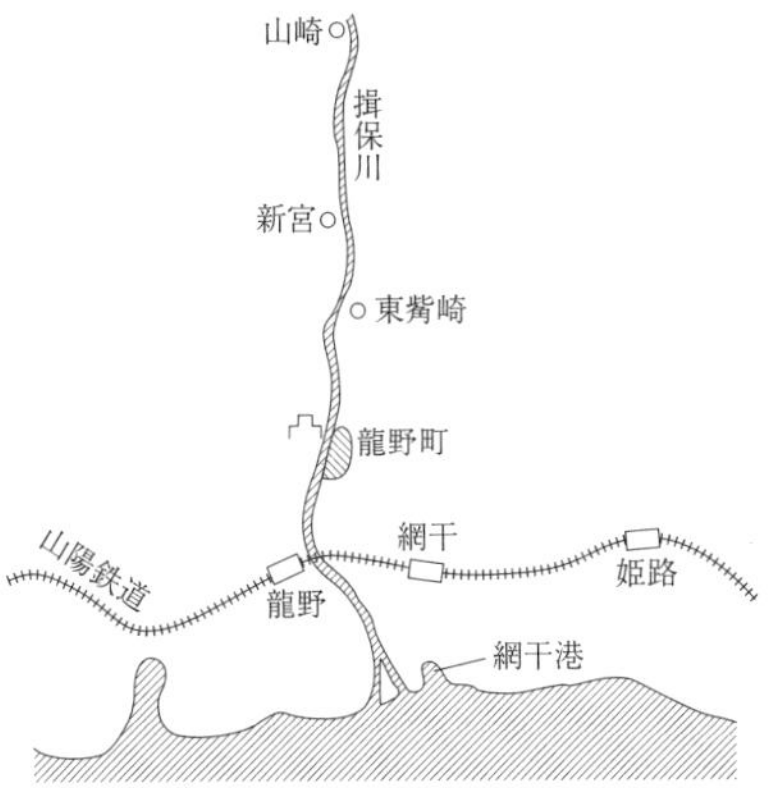

揖保川舟運の一拠点であり、旧来の舟運に代替する鉄道路線の実現をめざした計画であった。ただし、これが鉄道会議の審議を経て認可され、仮免許を下付された一八九九年の時点では、すでに私鉄熱は冷却しきっており、その後は敷設への動きが見られないままに、免許状が失効する。

結局、龍野市街地に鉄道が通じるのは、日露戦後を待たなければならなかった。一九〇六（明治三九）年二月二六日、横山省三ら三三名が龍野駅と龍野町とを結ぶ三マイルの区間に、資本金一五万円で龍野鉄道株式会社を設立しようとする申請を行ってきた。そこでも、醤油・素麺やその原料の移出入の便宜を得たいという目的が語られていた。(6) ただし実際には、競願関係にあった龍野電気鉄道株式会社の方が、網干港から網干駅・龍野市街を経て、東觜崎《はしざき》（現・龍野市）を結ぶ区間の敷設認可を獲得し、一九〇九（明治四二）年に営業を開始することになる。

以上述べてきた龍野町の事例は、鉄道沿線から外れてしまった地域の地場産業の営業者らが、製品や原料の搬送の便宜を得るため、官鉄誘致から私鉄起業へと運動方針を転換させつつ、山陽鉄道との接続に向けた努力を粘り強く続けていたことを物語っている。

三　広島県における私鉄計画

似たような例は、近世には西廻り航路が発達して繁栄を誇る港町が点在していた瀬戸内海沿岸に多い。東から順に、高砂・網干・坂越《さこし》・赤穂・片上・西大寺・三蟠《さんばん》・下津井・鞆《とも》・竹原・宇部などがそれにあたる。これらの地域でも、山陽鉄道の開通によって物資輸送の主流が鉄道に移行していくにつれて、港町の衰退が意識されはじめ、山陽鉄道との接続をめざす私設鉄道が多数計画されてくるのである。そうした観点に立つ事例研究に先鞭をつけたのは、下津井鉄道や鞆《とも》鉄道を取り上げた青木栄一氏であり、(7) 近年に至るまで、多くの研究が積み重ねられている。(8) 私もまた、広島県の鉄道網形成過程を見ていく中で、鞆鉄道に興味が引かれた。

沼隈《ぬまくま》郡鞆町（現・福山市）の鞆港は、『万葉集』の時代から「潮待ちの港」として知られ、近世においては北前船や朝鮮通信使の寄港地、あるいは福山藩の物資の移出入港として繁盛していた。しかし、西進してきた山陽鉄道が、一八九一年に広島県下の福山・尾道まで開通させると、鞆はその沿線から外れていたため、壊滅的な打撃を受けることになった。そのあたりの事情は、鞆鉄道の出願書類において広島県知事が次のように述べている中にはっきりと読みとれる(9)。

「鞆港は、山陽内海の良港にして、北方三里を隔て丶福山町を控へ、従来物資の集散頻繁の地なりしが、山陽鉄道開通以来は、其地稍偏在せるを以て、福山地方より輸送する米穀・畳表《たたみおもて》・花筵《はなむしろ》・織物・煙草其他の雑貨は、多くは山陽鉄道を迂回して便宜の海岸に輸送し、鞆港より福山地方へ輸送する魚類・肥料・雑穀其他の貨物も尾道・松永等を迂回するの不便を生じ、之を山陽鉄道開通前に比すれば、一切の貨物大に其集散の量を減少せり。」

福山地方の特産品が山陽鉄道で搬送されるようになったほか、近隣の尾道・松永は山陽鉄道が通り、海陸連絡の拠点として機能することができた一方、鞆の貨物集散量が激減したことが指摘されていたのである。

したがって、一八九六年四月一〇日に鞆町の金穀貸付商林半助ら四五名によって、鞆と福山の間を結ぶことを目的に出願されてきた鞆鉄道は、発起人のうち一九名（四二％）が鞆町在住者であり、株式の五一・九％を彼らが引き受ける予定であった。県外発起人は八名にすぎず、その引受株の割合も二一％程度にとどまっている。以上から明らかなように、鞆鉄道は、山陽鉄道開通によって衰退の危機に瀕した鞆町の有力者らが、地域振興の活路を開くことを願って計画してきたものだったのである。

ところで、広島県の鉄道形成過程を研究する中で、こうした動きのほかに、山陽鉄道沿線から分岐して内陸部をめざす路線が競うように出願されてくることにも興味をもった。東から順に福山・尾道・三原・広島といった県内の主要都市は、山陽鉄道の開通によって数珠つなぎにされ、大阪方面との通行の便が得られるようになった。そして、今度はそれら各都市から県北をめざす鉄道が計画されてくるのである（図6－2参照）。

図6−2　広島県を中心とした私設鉄道計画

　県北の中心地である三次《みよし》と港町尾道とを結ぼうとする尾三鉄道（一八九六年二月出願）は、中世以来内陸部の物資の集散地として栄えてきた尾道町が、鉄道時代を迎えた中でも、同じ機能を維持しようとする目的で出願してきたものである。他方、福山と府中を結ぼうとする備後鉄道（一八九五年一二月出願）は、県北から尾道に向かう物資を府中へ吸収し、それを福山まで鉄道輸送して山陽鉄道にのせかえるという新たな物流ルートの開拓を狙っていた。三原と三次を結ぼうとする鉄道は、出願された形跡はないが、西備鉄道という名称で計画が進んでいたという報道がある（『芸備日日新聞』一八九三年七月二八日）。さらに、広島と三次を結び、島根県に抜けて松江まで結ぼうとする両山鉄道（一八九四年一二月出願）は、中国山地を縦断して山陽と山陰を結ぼうとする長大な計画であった。のちには島根県における大社鉄道と合同し、大社両山鉄道と改称して敷設へ向けた動きを続けることになる。

　これら諸計画が乱立する要因としては、県北の物資の集散地としての位置をめぐる四つの都市の間での競争意識があったと言うことができる。

　たとえば広島市においては、両山鉄道計画が登場する以前から、同市と松江を結ぶ陰陽連絡鉄道を敷設することの必要性が、地元新聞などによって次のように主張さ

写真6-2　当時の広島駅構内

出所：交通博物館蔵。

れていた。

「三原若《もし》くは尾道を起点とする夫《そ》の西備鉄道にして先鞭を着くるあらば、広島市に不利の影響あるは固《もと》より言ふに及ばず。」(『芸備日日新聞』一八九三年八月一六日)

「中国の商権を我地方に集め、我地方をして貨物聚《しゅう》散《さん》の媒合地たらしめんとする目的より云へば、兎《と》に角《かく》近地方との交通を便にせんが為めに、先づ連絡鉄道を敷設すべき。」(同、八月二四日)

三原・尾道などに先がけて、県北や中国地方の「商権」を確保し、物資集散地としての位置を確立することにより、都市としての発展を期すべきであるという論である。

尾道の主張も見ておこう。尾三鉄道は、尾道の豪商橋本吉兵衛ら五四名が、一八九六年二月に出願してきたものである。発起人のうち四七名までが同町在住者であったことからもわかるとおり、尾道町の強い意向によって計画されたものである。その出願書類[10]においては、他市の鉄道計画に対するライバル意識をむきだしにしていた。まず両山鉄道に対しては、県北から大阪・四国への旅客・貨物を広島市に搬送して山陽鉄道にのせかえたとしても、三角形の二辺を迂回するようなロスが生じることを指摘する。返す刀で福山に対しては、元来城下町であって商業地ではないと述べ、さらには港湾を擁していないため、海陸連絡の便宜という点で尾道の比ではないと主張していた。他市の計画を批判することで、みずからのメリットを浮きぼりにしようという論法である。

ただし広島県では、日清戦後期における以上の計画はすべて消滅し、それらの構想のいくつかが実現するのは、日露戦後の軽便鉄道法の公布後を待たなければならないことになる。この点は、次章において見届けることにしよう。

四　舞鶴への鉄道建設と京阪神

広島県内の例から導きだした集散地の位置をめぐる都市間競争という論点を、府県境を越えたより大きなスケールで確認することができる例がある。京阪神から舞鶴をめざす鉄道の敷設をめぐってくり広げられた競争である。

このうち、京都～舞鶴間の敷設をめざす京都鉄道に関しては、すでに多くの研究が重ねられている[11]。また、現在のJR福知山線の前身である私設阪鶴鉄道についても、いくつかの研究がある[12]。このほかの多くの論著において も、京阪神から舞鶴をめざす鉄道敷設運動は、京都鉄道と阪鶴鉄道とのライバル物語として描かれることが多い。

しかし、実際に会社設立にまでこぎつけた両者の間にあって、大阪市の一部の実業家らが、摂丹鉄道という別の鉄道計画を構想していたことについては、結局認可されなかったためか、これまであまり注目されてこなかった。わずかに小川功氏[13]が、阪鶴鉄道と摂丹鉄道との間にこそ最も激しい対抗関係があったと指摘している程度である。

小川氏は、阪鶴・摂丹の二構想が対立した要因を、大阪財界内における人脈の相違に求めている。たしかにそうした要因は強いであろう。それに加えて私は、京都鉄道と阪鶴鉄道の間に摂丹鉄道構想を加え、三者を分析することによって、京都・大阪・神戸の都市間競争がくっきりと浮かびあがってくると考えている。以下では、そうした観点から、舞鶴をめざす鉄道敷設運動について考察していくことにする（図6-3参照）。

さて、鉄道敷設法における官設予定線の比較線選定をめぐって、京鶴線（京都～舞鶴間）と土鶴線（土山～舞鶴間）との誘致合戦が激化していた第四議会期から、京都市と神戸市との対立関係は明確であった。京都市側では、京鶴線を実現させることによって、丹後地方の特産品である丹後縮緬《ちりめん》の大量輸送ルートを確保することのほか、他の日本海側の物産を集散させる拠点となろうとする狙いを強く持っていたことは言うまでもない。

　他方の土鶴線は、山陽鉄道土山駅から舞鶴を結ぶルートである。現在の明石市の西端にある土山駅から神戸までの距離はわずかである。そのため、もし土鶴線が実現した場合は、舞鶴から神戸へという新しい物流ルートが開かれることになる。第四議会を前にした一八九二年一一月には、神戸市会・神戸商業会議所のほか、神港倶楽部・地主倶楽部などの神戸市内の実業団体は、本城安次郎県会議員らを委員として上京させ（↓84頁、表4－1）、土鶴線採択にむけた請願活動を展開していた[14]。

　神戸市の狙いは、たとえば同月一六日付けで神戸商業会議所会頭山本亀太郎が提出していた意見書[15]などに見てとることができる。そこでは、「本港は関西第一の商港にして、東に大阪の大市を扣《ひか》へ、内外物貨集散の要地」であることを強調していた。そして、「京都は貿易の地にあらざるを以て、鉄道の収支相償《つぐな》はざるは言を俟《ま》たず」などと述べて、京鶴・土鶴の競争を、物資の集散地の位置をめぐる京都と神戸との競合と位置づけて、日本有数の港湾都市神戸に接続するという土鶴線のメリットを強調して、自線の採択を求めていたのである。

　京都・神戸両市の参事会（この時期の市行政執行機関）では、その中間に位置する大阪市を味方に引き入れようとして、双方から大

図6－3　京阪神と舞鶴との間の私鉄計画

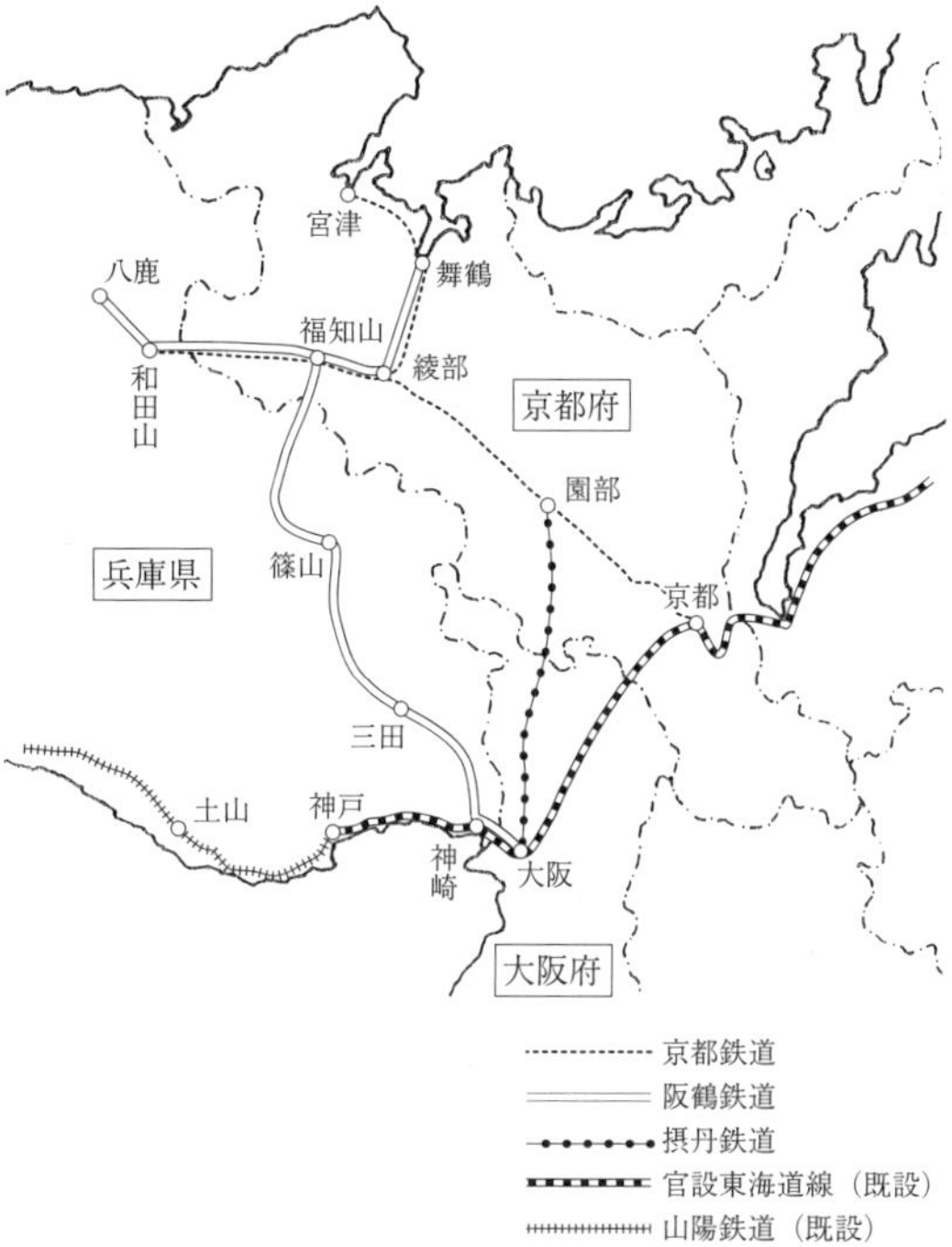

写真6－3　当時の神戸駅

出所：『日本鉄道紀要』。

阪市参事会に対して働きかけを試みていた。その大阪では、京鶴・土鶴の争奪戦の中で、大阪が置き去りにされていることが市会で問題とされ、その競争に加わるべきであるとする発言があいついだ[16]。

大阪市が選んだ構想は、京鶴線の採択運動に加担し、その上で京鶴線沿線の園部から分岐して大阪を結ぶ支線の敷設をも実現させ、大阪～舞鶴間の物流ルートを開くというものであった。ここに、京都・大阪連合と神戸との間に対立関係が生じることになった。このため、第四議会期には、大阪市会からも上京委員を送り出していたのである。

大阪市の求めるところは、京鶴線採択とその支線の建設のほかに、もう一点あった。和歌山線の比較線選定において、大和線を破棄し、紀泉線（大阪～和歌山）を採択することである。もし以上の要求がすべて実現すれば、大阪市は、東西に走る既成の東海道線に加えて、舞鶴と和歌山を南北に結ぶ路線の十字路の中心に位置することになるわけである。第四議会での形勢は、前述したとおり、和歌山線採択競争では紀泉線は不利であったが、舞鶴線に関しては京鶴線がきわめて優勢であった。

第四議会での決定が延期されたのちも、大阪市は京鶴線を支持し、土鶴線には強い警戒心をむきだしにする。大阪市会議長森作太郎が、市会での議決をふまえ、第五議会を前にした一八九三年一〇月二一日に「大阪に関する舞鶴鉄道の利害」と題する文書[17]を作成していたが、そこには大阪市の認識がはっきり見て取れるので、少し読んでみよう。

「若《も》し所謂《いわゆる》土鶴線に敷設せらる丶ときは、北海の物産舞鶴港より土山を経て直ちに神戸・兵庫に輻輳《ふくそう》し、神戸・兵庫に於て之が取捌《とりさばき》を了し、復た大阪商人の手を藉《か》らざるに至り、北海物産の商権忽《たちま》ち兵庫・神戸の為めに奪はるべき事照々たるを以て、土鶴線に反対して京鶴線を賛成し、園部より支線を設けて其商権を維持せんと欲するに在りき。蓋《けだ》し京都は別に風景・古物・工業を以て立つの地にして、商業上の競争者に非《あ》らざればなり。」

写真6－4　当時の大阪駅

出所：『日本鉄道紀要』。

ここから明らかなように、大阪では、舞鶴に陸揚げされる北海の物産の集散地をめぐるライバルが神戸であると、はっきりとみなしていた。土鶴線が実現した場合、「商権」はたちまち神戸に奪取され、大阪が衰退の危機に瀕してしまうという強烈な危機感を抱いていたのである。これに対し、京都は伝統工芸を基盤とした都市であり、商圏争いという点では相手にもならないと、京都人が聞いたら気を悪くするようなことを言っている。大阪と京都とは役割分担を明確にして両立しうるという認識こそが、大阪が京都と連携して鉄道誘致運動を進めることを可能にした要因だったわけである。

ところで、大阪市が以上のような認識を表明していた第五議会期には、官設線の争奪という目標は現実的意味を失い、私設鉄道の認可競争へと焦点は移行しはじめていた。そして、続く私鉄認可競争においても、以上のような三都市間の連携と対抗の構図は継承されていくのである。

京都鉄道・摂丹鉄道・阪鶴鉄道の出願ラッシュのうち、

先陣を切ったのは摂丹鉄道であった。摂丹鉄道は、その創設に至る経緯を述べた文書[18]にも記されるとおり、第四議会での混乱を見て、舞鶴と大阪との運輸の便が「一年遅くなれば即ち一年の損あり」との観点から、大阪と園部の間約三四マイル（五四・七㎞）を、資本金一五〇万円の私鉄会社を創設して敷設を始めようとする計画であった。

この摂丹鉄道の発起人は、大阪の岡橋治助・片岡直温《なおはる》・弘世《ひろせ》助三郎ら六名であり、小川功氏が明らかにしているとおり、日本生命株式会社を中核とする実業家グループであった。彼らは、一八九三年六月一日に測量願を出し、同月一七日には鉄道敷設創立願書を提出している。さらに同月二四日には急いで副申書を提出し、もし京鶴線敷設が不調に終った場合は、自社が舞鶴までの敷設を試みるつもりであると陳述して、認可の審査において有利となるように働きかけていた。

他方、岡橋らとは異なる大阪の実業家集団が、阪鶴鉄道の出願を計画する。中心になった松本重太郎（百三十銀行頭取）が、住友家や藤田伝三郎らの間を遊説し、のちには、すでに尼崎〜池田間で営業していた摂津鉄道を買収する前提で、小西新右衛門（伊丹の酒造家）らを加えていく。こうして、同年八月一日に住友吉左衛門ら三九名（のち五七名）が、大阪から尼崎・三田・篠山などを経て舞鶴に至る約八〇マイル（一二八・七㎞）の区間を敷設することをめざして、資本金四〇〇万円の阪鶴鉄道株式会社を創立する認可を申請してくるのである。

それまで鉄道敷設法の手順に従って官設線での実現を目標にしていた京都市においても、以上のような動きを受けて、私鉄会社構想がにわかに浮上してくる。小室信夫《しのぶ》・田中源太郎・浜岡光哲ら京都財界を中心とした一一六名によって、京都鉄道株式会社創立願書が提出されてくるのは、七月一四日のことであった。

一八九三年には、以上のように私鉄三社の競願状況が生じていたのであるが、ここでも、京都・摂丹連合と阪鶴との対立の構図を見て取ることができる。同年一一月に京都府知事に着任した中井弘は、そのあたりの情勢を、井上馨に宛てた手紙の中で伝えている[19]。文意を現代文で紹介する。

摂丹線は京鶴線と接続する協議が整い、京都・大阪の市会・商業会議所もともに非常に熱心な運動によって、ついに摂丹・京鶴合併の決議のもとに大運動を始めており、今や阪鶴線は大阪でははなはだ勢力を失っているようです。

ここにも見られるとおり、大阪における阪鶴鉄道への警戒感は根強いものがあった。阪鶴鉄道自体は起点を大阪に置くことを予定し、また大阪の実業家もかなり参画していた。しかし、阪鶴鉄道沿線のたとえば三田《さんだ》あたりと神戸との間に支線が敷設されたりすると、やはり舞鶴から神戸へという太い物流ルートが形成されてしまい、大阪の位置が危うくなるという危機感が、この時点では支配的だったのである。

摂丹鉄道としても、そうした危機感をあおるような論を張っていた。同年一一月二九日に摂丹鉄道創立事務所が大阪商業会議所に提出した説明書[20]の中でも、阪鶴鉄道計画がかつての土鶴線の変型したものであるとした上で、続けて次のように述べていた。

「大阪は商業を以て立つ都会なれば、飽《あく》まで関西の商権を抱持せざる可《べか》らず。而して阪鶴鉄道は名称の如く大阪・舞鶴間の線路なりと雖《いえ》ども、大阪府下の利益よりも兵庫県下の利益を重んずる傾きあり。殊に此線路中の三田と神戸との間に分岐線を布設せんとするの計画成立《なりた》てりと云ふ。其間の距離僅に七里に過ぎざれば、北海・北陸より出入する貨物は皆な神戸・兵庫に集まるべく、大阪は全く従来の利益を奪ひ去らるゝに至るべし。鉄道布設の為に大阪の繁栄を殺《そ》がるゝが如き、豈《あ》に坐視すべき所ならんや。」

こうした危機感が浸透していたこともあってか、同年一〇月から翌一八九四年三月にかけて、大阪市会・大阪府会・大阪商業会議所の三団体が、あいついで京都・摂丹両鉄道の認可を求める意見書を提出するという動きを見せていた。

それだけに、阪鶴鉄道側としては、大阪における神戸アレルギーをやわらげるような活動が求められていた。そこで阪鶴の発起人らは、神戸に吸収する貨物はもっぱら外国貿易品なので、大阪市の商品とはおのずから種類を異にし、物資集散機能の上での役割分担に違いがある

写真6－5　阪鶴鉄道1号機関車

出所：交通博物館蔵。

と述べて、大阪・神戸の共存共栄が可能であるとのヴィジョンを強調してみせていたのである。[21]

その後の経緯はよく知られるとおりである。第六議会を前に開かれた一八九四年五月九日の鉄道会議に、これら私鉄出願の認可に関する議案が諮問された。その結果、京都鉄道は申請どおり認可することが答申された。阪鶴鉄道については、その申請路線のうち大阪〜神崎（現・尼崎）間が官設東海道線と併行している上、福知山〜舞鶴間が京都鉄道と競合することから、五月一三日の鉄道会議で、神崎〜福知山間のみに区間を短縮して認可されることになった。そして、第六議会で鉄道敷設法の官設予定区間に私鉄線の敷設を認可する法律が成立したのを受けて、同年七月にはそれぞれに仮免許が下付された。

摂丹鉄道については、京都鉄道と両立しがたいという意見が支配的であり、採否の決定が長らく持ち越されたのち、一八九五年九月二日の鉄道会議において不許可とすることが議決された。発起人の岡橋治助らは、翌一八九六年九月三日にも再び摂丹鉄道敷設を申請するが、これも不許可となった。[22]

以上見てきたように、京都・摂丹・阪鶴の出願競争は、単なる投資家グループの競争にとどまるのではなく、京都・大阪・神戸の三都の物資集散地としての位置を確立しようとする都市間競争という様相が強かったのである。

そうした中にあって、かつてあれほど神戸に対する警戒感をむきだしにしていた大阪は、その後どのように考えを変えていったのであろうか。三社の競争が熾烈をきわめていた一八九四年五月の段階で、大阪の方向転換の端緒と見られる意見が出てきていたことには注目される。大阪府会議員の高岡弥太郎の意見書（交通博物館蔵）である。

この中で高岡は、過般の大阪府会において、阪鶴への反感のあまり、京鶴支持の決議をしたことを「軽率」であったと反省してみせる。そして、大阪と神戸との関係について言及し、「神戸は外国貿易市場にして、大阪は内国商業の地なれば、販路及商品とも自然差別ありて、互に利害相関せず」との冷静な見通しを示すのである。とりわけ、将来大阪築港が完成すれば、阪鶴鉄道との連携によって大阪が国内物資の集散の核となり、外国航路を主とする神戸との共存が可能であるとする。かねてから阪鶴側が主張していた論理が受け入れられ、過剰な神戸アレルギーがいくぶん緩和されつつあったことがうかがえる。

とはいえ、阪神間の対立関係は、こののちも根強く残る。これから大阪市では、神戸港への対抗心をむきだしにしつつ、右にも述べられていた大阪築港を、市の全力をあげた事業として取り組んでいく。鉄道から港湾へと内容を変えつつ、都市間におけるインフラ整備競争は続くのである。

第二節　日清戦後経営と官設鉄道

一　北海道鉄道敷設法の制定

以上のように日本経済が好景気を謳歌していた頃、政府は、日清戦後経営と総称される事業展開を図ろうとしていた。日清戦後経営とは、日清戦争に大勝したのちの日本が、欧米列強に続く帝国主義国として飛躍しうるように国家の編成がえを図ることを目的に、軍備拡張、植民地台湾の統治、交通・通信機関の拡充などのインフラ整備、教育の振興など、さまざまな部門で積極的に事業を展開しようとする政策の総体をさす。

こうした中で、官設鉄道の拡充については、引き続き

写真6－6　旭川駅

1911年頃の駅舎。
出所：北海道大学附属図書館編『明治大正期の北海道』写真編。

鉄道敷設法にもとづく計画を執行することが要請される。ほかにこの時期には、複線化・車両増備・駅改築などによる既成線の輸送力増強を内容とする改良事業が重視されはじめたことと、北海道の鉄道拡張を推進するため、新たに北海道鉄道敷設法が制定されたことが注目される。本書では、改良事業は対象外とするが、北海道鉄道敷設法については少しふれておく必要があろう。

北海道の鉄道に関しては、第三議会に自由党が提出した法案の中に盛り込まれていたが、衆議院での鉄道敷設法審議の過程で削除されたことは前述した（47頁）。その後、日清戦後に募集する事業公債で支弁する事業の一つとして、旭川と空知太《そらちぶと》（現・砂川市）の間三五マイル（五六・三km）を一一七万円余で建設する計画が組み込まれ、第九議会で協賛を得ていた。しかし、その程度の鉄道拡張に満足せず、鉄道敷設法の北海道版にあたる法律を制定しようとする動きが出てくるのである。

その際の主役は貴族院であった。この頃の貴族院は、衆議院で過大な鉄道敷設要求が可決されて回付されてきても、それを否決し、政府事業が膨張しないようにする役割を一貫して果たしていた。しかし、北海道の鉄道拡張に関しては逆であり、貴族院側の議員立法として北海道鉄道敷設法が成立する。その中でも最も熱心であったのは、貴族院議長の近衛篤麿《あつまろ》であった。のちの昭和戦前期に三度首相を務めることになる近衛文麿の実父である。

近衛篤麿は、日清戦前の第六議会にも、北海道の鉄道の拡張と港湾の整備を求める建議案を提出していた。その背景には、北海道こそが「北門の鎖鑰《さやく》」、つまりロシアから日本を守る北の関門であるとの認識があった。し

図6-4　北海道鉄道敷設法の予定線

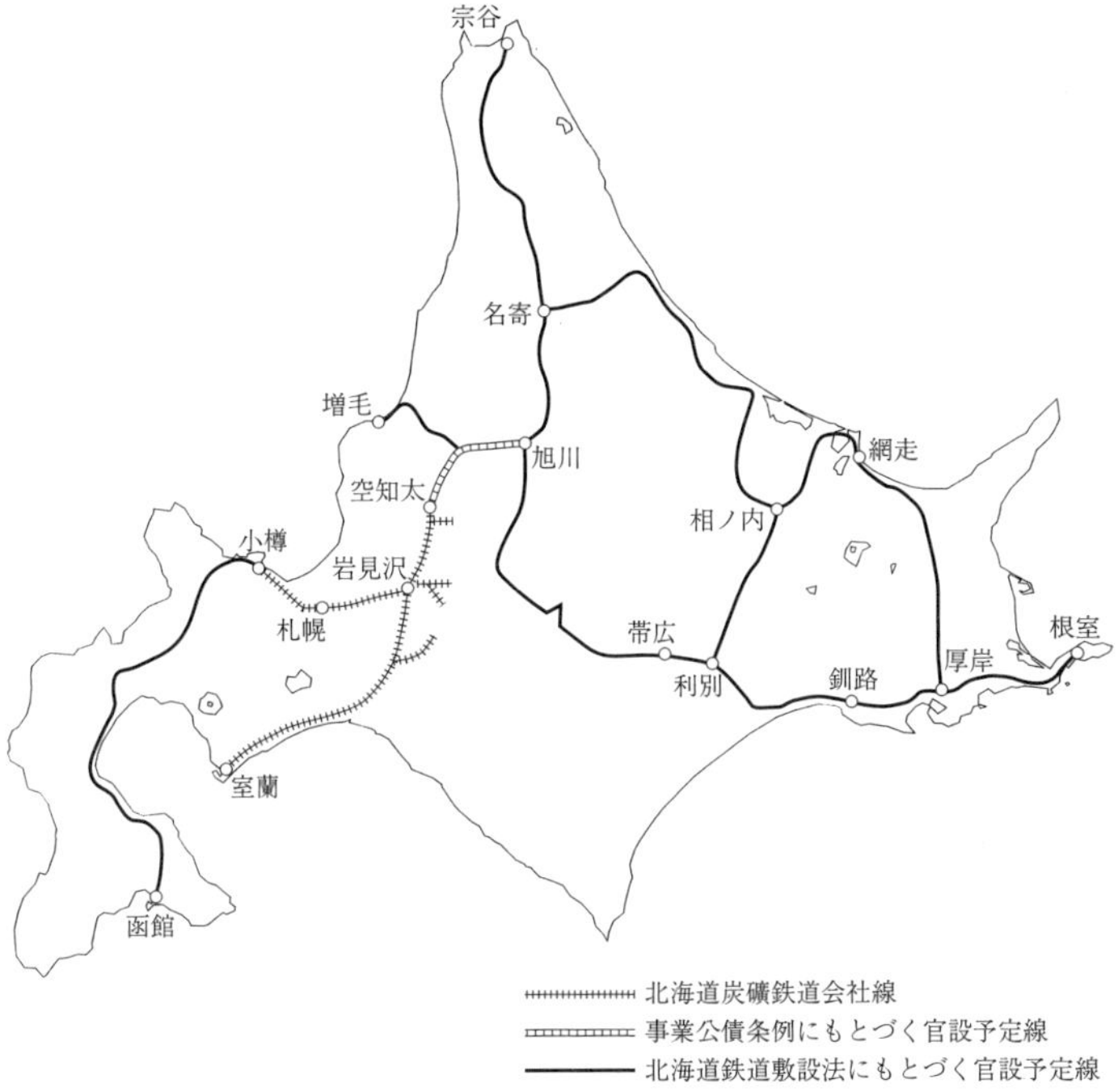

たがって早急に北海道拓殖事業が実施されなければならず、そのための基盤整備として、鉄道網の拡張を主張するのである。

日清戦後になると、いよいよロシアに対する警戒感が支配的となり、第九議会開会中の一八九六年二月に、近衛篤麿ら三名が北海道鉄道敷設法案を提出してきた。そして、貴族院で可決されたのち、衆議院でも若干の修正を加えて成立し、同年五月一四日に法律第九三号として公布されるに至ったのである。

鉄道敷設法と同様に、この北海道鉄道敷設法も、官設予定線をあらかじめ列挙しておく形式をとっている。その路線は、①旭川～十《と》勝太《かちぶと》～厚岸《あっけし》～網走間、②利別《としべつ》～相ノ内、厚岸～根室間、③旭川～宗谷間、④雨龍原野～増《まし》毛《け》間、⑤名寄～網走間、⑥小樽～函館間の六路線であった（図6-4参照）。一八九七年度から、総額三三〇〇万円の公債を募集し、順次これらの建設を行うという内容である。当初の近衛の提出案には、一五年間という竣工年限が明示されていたが、審議の過程で削除され、期限の示されない事業となってしまっていた。

なお、右記予定線のうち、⑥については函樽鉄道会社によって私設での敷設の申請が出されたため、これを認可する法律が第一〇議会で成立した。鉄道敷設法と同様に、官設予定区間を私鉄会社が敷設する場合は、その旨の法律制定が必要だったのである。免許を受けた同社は、一九〇〇年一一月に北海道鉄道会社と改称し、翌年六月から工事を開始、日露戦中の一九〇四年一〇月一五日に小樽～函館間を全通させている。

二　第一期線速成要求の高まり

ところで、日清戦後の一時的な好景気は、急速に冷却していく。政府の財政計画における公債支弁事業が過大なものになって金融市場を圧迫したことに加え、凶作による米輸入急増で貿易入超となったことなども原因となって、一八九七年から翌年にかけて金融が逼迫し、恐慌が到来したのである。一八九九年頃には一時持ち直すかと思われたが、一九〇〇年には再度深刻な恐慌に見舞われ、以後も不況局面が長引くことになる。この二度にわたる恐慌は、日清戦後恐慌と呼ばれている。

本項では、こうした恐慌の到来が、官設第一期線建設事業にどのような影響を及ぼし、関係地方ではどのような政治的な動きが生じてくるかを見ていく。

一八九八年一月一二日に成立した第三次伊藤博文内閣で大蔵大臣に就任した井上馨は、募債難という情勢を受けて、一八九八年度に予定されていた第一期線建設事業の一部を繰り延べすると発表した。これによって、奥羽線・中央線・篠ノ井線・鹿児島線などの建設工事の一部が延期されることとなり、それぞれの地域に危機感を呼び起こす直接的な原因になった。

以下、長野県の松本を中心とした篠ノ井線の沿線の場合を具体的に取り上げてみよう。

それまでは期待を込めて建設工事の進捗状況を報じてきた長野県の地方紙『信濃毎日新聞』は、一八九八年三月頃からずいぶん論調が変わってくる。たとえば、三月五日の記事では、物価騰貴と資金不足の影響で工事が中止に追い込まれようとしている状況を報じ、かつて第一期線への昇格を実現させた際に見せたのと同様の熱意でもって、速成運動を進めるべきだと呼びかけていた。そのための運動方法として、たとえば「篠ノ井線工事の中止」と題する論説（三月三一日付）は、次のように主張する。

「幸ひ議会は五月中旬を以て開かる、筈なれば、県下選出代議士の如き、宜《よろ》しく本線中止の不経済甚しきことを当局者に語りて其再考を求め、尚能《あた》はずんば之を議会に発言して輿《よ》論の賛同を求むべし。」

長野県選出代議士による議会活動を通して、篠ノ井線の速成運動を展開していくことを強く主張していたのである。

写真6-7　降旗元太郎（1864～1931年）

出所：早稲田大学大学史資料センター蔵。

こうした地域からの声に積極的に応えようとする地元選出代議士が登場する。右の論説は、第一一議会が解散されたのを受けて、一八九八年三月一五日に衆議院議員総選挙が行われ、五月に特別議会（第一二議会）が開かれようとする政治情勢のもとで書かれていた。この三月の総選挙で、長野県第四区から立って初当選していたのは、降旗《ふるはた》元太郎という人物である。この選挙区は、東・西筑摩郡と南・北安曇《あずみ》郡からなり、篠ノ井線と最も関係の深い地域であった。

降旗元太郎は、中央政界へのデビューの場となった第一二議会において、ただちに意欲的な取り組みを開始する。まずは、沼田宇源太《うげんた》（秋田県）・佐藤里治（山形県）・薬袋義一（山梨県）と連名で「鉄道建設に関する質問書」を提出し、第一期線建設がほとんど中止の状態にあることの理由と、その竣工見込みを政府に問いただしていた。ついで降旗は、佐藤・薬袋・長谷場純孝（鹿児島県）・畠山雄三（秋田県）・西谷金蔵（鳥取県）ら、やはり第一期線関係地域の議員らとともに、一三五名の賛成者を得て、鉄道敷設工事を予定期限内に竣工させることを求めた建議案を提出していた。佐藤・薬袋らは初期議会期から鉄道問題に積極的に関与してきた者として、本書でもくり返し登場してきたが、これに降旗のような新進議員も加え、官設第一期予定線の速成を求める院内での活動が活発化していくのである。

こうした政治活動は、関係地域においても期待をもって見守られる。『信濃毎日新聞』は、「吾人は満腔の熱誠を濺《そそ》いで、此建議に同情を表するもの也」（六月八日）と、降旗らの院内での活動を、手放しの歓迎ぶりでもって報じていた。さらには、建議の目的を達することを県下選出代議士に向かっても希望すると述べて、さらなる活動をうながしていた。

降旗の側でも、毎議会ごとに活動報告書を印刷して地元に配布することに怠りなかった。第一二議会の報告書[23]では、「我地方に直接の関係を有する鉄道問題」であるとの決意のもと、篠ノ井線速成への積極的な取り組みを行ったことが強調されていた。

続く第一三議会でも降旗は、他の一〇名の提出者とともに、「鉄道敷設工事を予定期限内に竣功すべき建議案」を提出していた。その趣旨は、第一期線建設竣工年限である一二年間の半分が経過したにもかかわらず、私鉄に委ねた区間は着々と進捗している一方、官設部分は五分の一も完成していないという現状を指摘し、第一期線建設計画を予定通りに進めることを求めたものであった。

この建議案に関しても、降旗の議会報告書の中で、「余が第十三議会に於て熱中せる問題の一は即ち是なり。或は地方上京委員と会談し、同志議員と衆議し、遂に「鉄道敷設工事を予定期限内に竣工せしむべき建議案」となり、余其説明の任に膺《あた》れり」と誇らしげに議会での活動を伝えていた。

降旗は、こののち一貫して、憲政本党—立憲同志会—憲政会という非政友会系の政党に所属する人物であるが、地元の利益要求を中央政界に投じる活動に関しては、けっして政界主流の政友会に遅れをとってはいなかったのである。

三　第二期線繰り上げ要求の高まり

ところで、鉄道敷設法における比較線選定に敗れたり第二期線に位置づけられたりしていた路線の沿線地域では、おりからの好景気に乗って私鉄計画が持ちあがることにより、鉄道実現への期待がそちらに吸収される結果となっていた。その例として本書で紹介してきた岩越鉄道・阪鶴鉄道・中国鉄道・南海鉄道などでは、それぞれの予定区間の建設が進行しつつあった。

しかし、鉄道開通への期待にあふれる地域に実際に鉄路の実現をみたのは少数にとどまり、多くの場合、日清戦後恐慌の到来とともに、私鉄への期待が裏切られていくことになる。そうした地域では、どのような運動の転換が図られるのであろうか。一例として、浜田を中心とした島根県西部の場合を取り上げてみよう。

この時期、山陰地方における鉄道実現に向けた運動においては、現在のJR山陰本線のように日本海沿いを縦貫する路線が構想されることは少なかった。官設第一期線に採択された姫路～鳥取～境間のルートや、私設の中国鉄道（岡山～米子間）、両山鉄道（広島～松江間）の計画がそうであったように、山陰地方から中国山地を縦断し、山陽鉄道のいずれかの都市と接続することをめざす構想が主であった。

島根県西部地方においても、鉄道敷設法第二条に広島～浜田間が官設予定線として盛り込まれていたことから、鉄道実現の可能性が開けているかに思われた。もちろん、このままでは第二期線でしかないため、官設鉄道での実現を待っている限り、その完成ははるか後年になるわけであるが、日清戦後の私鉄熱の中で、広島～浜田間にも複数の私鉄計画が持ちあがってきていた。広島から可部《かべ》町（現・広島市）や山県郡新庄村（現・北広島町）を経て浜田に達するルートを予定する芸石鉄道と、山県郡加計《かけ》村（現・安芸太田町）を経由するルートで敷設をめざす広浜鉄道がそれである（前掲図6－2参照）。

この競願状況は、結局芸石鉄道会社に仮免許が与えられることになり、広浜鉄道の方は却下された。芸石鉄道は、佐々田懋《すすむ》ほか五八名の出願にかかり、約八〇マイル（一二八・七km）の区間を、資本金三五〇万円の会社を設立して敷設しようとする計画であった。佐々田は、島根県西部の那賀郡の名家に生まれ、県会議長や衆議院議員などを歴任したのち、この時期には東京の実業界に転じていた人物である。

芸石鉄道が出願されてきたのは一八九六年七月二九日であり、まさしく起業熱が頂点をきわめていた頃であった。発起人は、佐々田をはじめとして大部分が東京在住者であり、島根県在住者は三名にすぎない[24]。地元資本の総力を結集して設立をめざそうとした計画とは言いがたい（コラム⑥参照）。

こうした性格の鉄道ではあっても、地元では期待をもって迎えられていた。しかし、一八九九年三月にようやく仮免許が下付された頃には、すでにバブルははじけており、事業の継続の見込みはまったく立たなくなっていた。その後、設立へ向けた動きは何も見られないまま、一九〇一年三月には免許を失効している。

そうした情勢の変転の中で、鉄道実現への期待を官設鉄道に向けかえるよう働きかけ、その先頭に立ってみせることによって地域からの支持を調達しようとする政治家が、ここでも登場してくる。恒松隆慶《つねまつたかよし》である。島根県中部の邇摩《にま》郡静間《しずま》村（現・大田市）に生まれ、長久《ながひさ》村（同）の恒松家の養子となった彼は、その後、若くして戸長や県会議員・県会議長などを歴任し、一八九四年三月の衆議院議員総選挙で島根県第四区から初当選していた。以後も当選を続け、合計一〇回も選出されることになる人物である。一貫して自由党─憲政党─政友会という政界本流に身を置き続ける。

この時期の彼の活動は、みずから一八九八年二月に記して地元に配布した「第十議会以来陰陽連絡鉄道問題に関する経過」と、同年六月一八日作成の「第十二議会に於ける経過報告」と題する報告書[25]に詳しい。

恒松はその中で、広島～浜田間は難工事区間が多くて建設費がかさみ、収支が償わないため、もともと私鉄会社では実現不可能であると確信していたと述べる。したがって、官設第一期線への繰り入れという方向で運動を進めたい意向だったが、私鉄出願者の強い要請を受けて、一時は私鉄認可の斡旋などに尽力していたと言う。

しかしその後、多くの私鉄会社が認可を得たものの、経済界の変動によって未着手あるいは工事半ばで中止するという例が少なくないという状況を迎え、「我山陰道に於ては官設にあらざれば其目的を達し難き事」との確信を深めるに至った。そこで恒松は、一八九七年一〇月に浜田地方の有志者に向けて、「更に官設運動に尽力することに貴地方一般の方針を立てられ候ては如何」と勧める文書を出していた。これに対し、浜田町有志者総代による返書は、同年一二月二日に差し出され、恒松の意見に全く同感であり、官設第一期線への繰り上げの運動に尽力してくれるよう強く希望するという意向が伝えられていた。官設鉄道建設という公共事業の獲得を媒介とした地元住民と代議士との緊密な関係が形成されてきたのである。

写真6－8　恒松隆慶（1853～1920年）

出所：『実業人傑伝』。

これを受けて恒松は、一八九八年五月の第一二議会に、広島～浜田間を鉄道敷設法の官設第一期線に繰り上げることを求めた建議案を提出する。あわせて、鉄道に限らず、山陰地方では港湾・航海補助・灯台・郵便局・電信局などの整備が遅れていることを指摘した「山陰道に対する政府の施政方針に付《つき》質問」も提出している。

以後も彼は、衆議院における第二期線から第一期線への繰り上げを求める議員らの急先鋒となるとともに、山陰地方の社会資本整備が遅れていることを毎議会のように指摘し続ける政治活動を継続していく。

なお、降旗元太郎や恒松隆慶のように、地元の鉄道実現への期待をになって国政の場に出て行く代議士らは、引き続き鉄道同志会のもとに結集していた。鉄道同志会では、第一期線の速成や第二期線の繰り上げといったさまざまな鉄道関係要求を、建議案や法律案としてとりまとめ、衆議院に提出する主体として、日清戦後のこの時期にも活動を続けていくのである（前著参照）。

【参考文献】

(1) 足立栗園『今村清之助君事歴』(一九〇六年)三五四頁。
(2) 『伊那市史』現代編(一九八二年)五七七~五八八頁。
(3) 拙稿「地方鉄道の形成過程」(山本四郎編『近代日本の政党と官僚』東京創元社、一九九一年)。
(4) 兵庫県教育委員会編『郷土百人の先覚者』(一九六七年)。
(5) 国立公文書館蔵「鉄道院文書 西播鉄道株式会社」。
(6) 『龍野市史』第三巻(一九八五年)二六二頁。
(7) 青木栄一「下津井鉄道の成立とその性格」(『地方史研究』九七、一九六九年)、同「近世港町鞆および下津井における鉄道交通の導入とその特質」(『東北地理』二一‐三、一九六九年)など。
(8) 三木理史『近代日本の地域交通体系』(大明堂、一九九九年)、同『地域交通体系と局地鉄道』(日本経済評論社、二〇〇〇年)など。
(9) 国立公文書館蔵「鉄道院文書 鞆鉄道株式会社」。
(10) 国立公文書館蔵「鉄道院文書 尾三鉄道株式会社」。
(11) 老川慶喜『明治期地方鉄道史研究』(日本経済評論社、一九八三年)、田中真人・宇田正・西藤二郎『京都滋賀鉄道の歴史』(京都新聞社、一九九八年)。
(12) 宮川秀一「阪鶴鉄道の敷設をめぐって」(『兵庫史学』四七、一九六七年)、木村辰男「山陰・山陽連絡鉄道の形成過程」(『神戸学院大学紀要』二‐一、一九七一年)。
(13) 小川功『企業破綻と金融破綻』(九州大学出版会、二〇〇二年)六四頁。
(14) 『神戸開港三十年史』下巻(一八九八年)二一二頁。
(15) 防衛庁防衛研究所図書館蔵「鉄道布設に関する請願及意見書」に収録。
(16) 『大阪市会史』第二巻(一九一一年)四頁。
(17) 防衛庁防衛研究所図書館蔵「鉄道会議等に関する書類」に収録。
(18) 大阪商工会議所図書館蔵「大阪舞鶴間鉄道敷設に関する調査参考書類」に収録。
(19) 国立国会図書館憲政資料室蔵「井上馨関係文書」。
(20) 注(18)に同じ。
(21) 交通博物館蔵「阪鶴鉄道株式会社創立趣意書」。
(22) 大阪市立大学学術情報総合センター蔵「摂丹鉄道株式会社設立関係書綴」。
(23) 東京大学大学院法学政治学研究科附属近代日本法政史料センター蔵「降旗元太郎・徳弥関係文書」。
(24) 国立公文書館蔵「鉄道院文書 芸石鉄道株式会社」。
(25) 『新修島根県史』史料篇六(一九六六年)六七四~六八三頁。

コラム⑥　中江兆民と鉄道

日清戦後の好景気の中で多数申請されてきた私鉄会社を調べていると、発起人として意外な人物が名を連ねているのに出くわすことがある。中江兆民もその一人である。

兆民といえば、自由民権運動の急進的な理論的指導者であり、第一議会の妥協劇に憤慨して衆議院議員を辞職するなど、硬骨漢として知られる。それだけに、日清戦後期に多数の鉄道会社の申請に参画しているのは、実に理解しがたい行動であった。兆民に関するよく行き届いた小伝を著した飛鳥井雅道氏も、「いいにくいけれども」とことわりつつ、「利権ブローカー」と表現するほかないと記している（『中江兆民』吉川弘文館、一九九九年、二二四頁）。

こうした世界に兆民を引き入れたのは、かつて一八七七（明治一〇）年に兆民が開設していた仏学塾において、門下生だった人物である。その人物こそ、本書でしばしば登場してきた伊藤大八にほかならない。兆民の私塾で政治思想を習得し、やがて政界や財界に転進していった伊藤とのつながりは、起業家としては師弟関係が逆転し、伊藤が指南役となったのであろう。

兆民が関係した鉄道会社は、常野鉄道・毛武鉄道・南筑豊鉄道・南武蔵鉄道・両野鉄道・吾妻鉄道・芸石鉄道・延熊鉄道・女川鉄道・房総中央鉄道・菊池鉄道・都城鉄道・京板鉄道・陸羽鉄道・四国中央鉄道・東京参宮馬車鉄道の一六社もある。このうち、仮免許を得るまでに至ったのは、本論中に紹介した芸石鉄道を含めて五社にすぎず、しかも開業にこぎつけていたのは一社もないという、惨憺たるありさまであった（小松裕「兆民と鉄道」『史観』一一一、一九八四年）。

この道に関しては、兆民は不肖の弟子であった。

第7章　日露戦後～大正期の鉄道と政治

第一節　鉄道国有法と建設事業

一　鉄道国有法の成立と政友会

かつて井上勝鉄道庁長官が「鉄道政略に関する議」において、今後の官設鉄道拡張と既存の私鉄会社の買収を提案した際、官設鉄道は約五五〇マイル（八八五km）、私設鉄道会社は一七社あって、その路線延長は約一一六五マイル（一八七五km）程度であった。その翌年に公布された鉄道敷設法は、官設鉄道拡張のヴィジョンを示したものの、既存の私鉄会社を能動的に買収する意図は有していなかった。それどころか、歴代の内閣は、同法の官設予定区間であっても、私鉄会社からの出願があれば積極的にそれに委ねる方針を取った。

このため、鉄道国有法が公布された一九〇六（明治三九）年三月三一日の時点では、官設鉄道の営業マイルは一四九七・九マイル（二四一〇・六km）にのぼっていたものの、私鉄会社は三六社にも増えており、その総延長は三二八五マイル五六チェーン（五二八七・八km）に達していたのである。(1)

こうした官私の分立と私鉄の乱立による不合理で不経済な状態を一挙に転換したのが、日露戦争終結後の最初の議会である第二二議会で成立した鉄道国有法である。

この法律は、北海道炭礦・北海道・日本・岩越・北越・甲武・総武・房総・七尾・関西・参宮・京都・西成・阪鶴・山陽・徳島・九州の一七会社を国が買収することを定めたものである。四億数千万円と見積もられる買収代価は、交付公債を発行してあてることにしていた。

これにもとづいて、一九〇六年一〇月から翌年一〇月までの間に一七会社の接収が進められた。その結果、国有鉄道の営業マイル数は四四四四・八マイル（七一五三・二km）に膨張し、そのシェアは、それまでの三一・三％から一挙に九〇・九％へとはねあがった。

この鉄道国有法の成立については、その政策意図をめぐって、軍部の主導性や経済的必然性の有無を中心に、古くから議論が重ねられてきた。ただ、同法成立の道筋は、軍部や経済界のみならず、大蔵省・逓信省の意図や政党の動向をも織り込んだ形での、政治史的な分析が必要とされる。とりわけ、その成立が立憲政友会（以下でも、政友会と略す）を与党とする第一次西園寺内閣の時だっただけに、自由党―憲政党―政友会と連なる主流派政党の動向には注視しておく必要がある。そうした視角から、私なりの国有法成立過程の叙述は、前著『近代日本の鉄道政策』において行った。

地方社会と鉄道建設事業とのかかわりを描いてきた本書においては、前著で述べた国有化をめぐるいくつかの論点のうち、一点だけは、くり返して記しておく必要がある。それは、地方への鉄道拡張要求と国有化要求との融合という問題である。

日清戦後恐慌の影響が深刻化してきた一八九八年春頃には、実業界の一部から鉄道国有化要求が生じてきた。この時点での国有論は、経済救済策としての性格が強かった。こうした声にいち早く反応し、鉄道国有論を政界に投じたのが、自由党の板垣退助だった。やがて、自由党の後身である憲政党内では、単なる経済救済策としてではなく、鉄道の拡張を求める各地の要望と鉄道国有論とが結びつけられて定着していくようになる。国有化が実行されて国鉄の収益が増大し、それがさらなる建設事業へと投資されるようになると、自地域への鉄道実現に展望が開けるのではないかという期待が生じてくるのである。

憲政党を継承して一九〇〇年九月に成立した政友会の中にも、したがって、国有化の断行と鉄道建設事業の推進とを要求する多数の代議士がいた。やがて政友会のリーダーとなっていく原敬は、当初はそうした要求を強く掲げる代議士の統制に苦慮していた。しかし、鉄道国有化を断行し、鉄道会計の独立も達成された日露戦後期には、鉄道特別会計において発行する公債や鉄道益金を今後の鉄道事業に振り向ける環境ができあがる。こうした情勢を背景に、原敬ひきいる政友会は、積極的な鉄道建設方針を打ち出していくようになるのである。それと反比例するかのごとく、かつて地方の鉄道要求を議会に反映させるルートとなっていた超党派の鉄道同志会は、その存在意義を失って消滅していく。

ただし、こう述べたからといって、鉄道を媒介とした政友会の党勢拡張策が、国有化を契機にただちに開花したと主張しているわけではない。

日露戦争の巨額の戦費を国債と増税によってまかなったにもかかわらず、無賠償で終った結果、日露戦後の財政運営は困難をきわめた。経済動向も、一九〇七年秋に日露戦後恐慌が襲来したのをはじめとして、この時期はおおむね不況局面で推移した。こうした財政事情のもとでは、政友会が与党として政権の座にあった時でも、積極的な公共事業の実施を予算に盛り込むことは困難であった。

まず、鉄道国有法を成立させた第一次西園寺公望内閣の場合、一九〇八年度予算を編成する過程で、おりからの恐慌の影響による財政難のため、逓信省が要求した膨大な鉄道事業計画は大きく圧縮せざるをえなくなっていた。さらには、それを引き金とする紛糾によって、大蔵大臣と逓信大臣がそろって更迭されるという政変まで発生していた。

次に政友会が与党の座についたのは、一九一一（明治四四）年八月三〇日の第二次西園寺内閣の成立によってであるが、この内閣のもとでも、新規事業の抑制と非募債主義が主流となり、鉄道関係要求は大きく削減された。

大正政変ののちに成立した第一次山本権兵衛内閣において、政友会は、三たび与党の地位にありつく。とはいえ、同内閣最大の政策課題は行財政整理の実行であり、その一環として、鉄道建設事業は既定の計画さえ繰り延べせざるをえなかったのである。

さらには、一九一四（大正三）年四月一六日に成立した第二次大隈重信内閣は、緊縮財政路線を唱える立憲同志会などを与党としていた。この内閣は、建設事業よりも改良事業に重点を置くなど、政友会とはことごとく異なる鉄道政策をとる。政友会としては、野党の立場からそれを傍観するしかなかったのである。

二　軽便鉄道法と鉄道網の拡張

以上のような中央政界の動きの詳細はすべて前著に譲り、本書は、同じ時期の地方社会の動向を具体的にとらえることが課題となる。日露戦後から大正前半のこの時期に、自地域への鉄道実現をめざす地方としては、どのような選択肢がありえただろうか。以下、三点あげて、それぞれに説明を加えつつ、次節で具体的に取り上げる地域を予告していく。

第一は、引き続き鉄道敷設法が定める方式にしたがって、帝国議会を通して同法の改正をうながし、官設鉄道の延伸を実現させることである。

写真７−１　松本に到着した建築列車

1902年２月16日に建築列車が到着した時の光景。
出所：松本市文書館蔵「小里家文書」。

そこで、鉄道敷設法にもとづく官設鉄道建設事業のこれまでの進捗状況を、あらためて確認しておくことにしよう。日清戦後の第九議会の時点で、官設第一期線として確定したのは、奥羽・北陸・中央・篠ノ井・鹿児島・呉・陰陽連絡の七路線であった。このうちでは北陸線の完成が最も早く、一八九九年三月に敦賀〜富山間が全通している。ついで、篠ノ井線が一九〇二年一二月に完成し、松本地方の多年にわたる運動がようやく実を結んでいた。また、山陽鉄道海田市《かいたいち》駅と軍港都市呉を結ぶ呉線は、日露開戦直前の一九〇三年一二月に竣工した。しかし、それ以外の路線の完成は、日露戦後にまで持ち越されてしまう。

奥羽線は、南北双方から建設が進められ、秋田県内の区間を残した時点で日露戦争に遭遇してしまった。その全通は、一九〇五年九月のことである。また、八代〜鹿児島間の全通は、一九〇九年一一月であった。中央線の完成はさらに遅れ、最後まで残されていた木曽福島〜宮ノ越間が結ばれて全線開通するのは一九一一年五月一日のことであった。

なお、姫路~鳥取~境のルートを建設する計画であった陰陽連絡線は、姫路を起点としていた当初の計画が、一九〇三年には兵庫県北部の和田山を起点とすることに変更されてしまっていた。陰陽連絡という方向性が破棄され、山陰沿岸を縦貫する幹線(現・山陰本線)の実現をめざすことになったのである。この山陰線は、鳥取県内での建設が先行して着手されており、境~米子~鳥取間が開通するのは一九〇七年四月のことであった。

以上のように、最初の予定年限から見ればかなりの遅れが生じていたが、ともあれ鉄道敷設法が当初掲げていた第一期予定線の中から完成するものが出てきた結果、これまで第二期にすえ置かれていた路線の中から、第一期に昇格するものが出てくる。

たとえば、鉄道国有法が提出されたのと同じ第二二議会において成立し、一九〇六年三月二二日に公布された鉄道敷設法改正では、富山~直江津間が第一期線に繰り上げられることとなった。あわせて、この時の改正では、山陰線のうち、米子から島根県の松江を経て今市(現・出雲市)に達する区間を第一期線に繰り上げて着手することも認められた。

こうして、政府の財政難が続く中でも、鉄道敷設法が定める手順にしたがって、なんとか第一期線への昇格を果たそうとする動きは、引き続き各地で盛んに見られる。第二節一では、そうした地域の一例として、山陰線のさらなる西進を求め続けた島根県西部の浜田地方の動向を具体的に見ていくことにしよう。

第二に、一九一〇(明治四三)年四月に公布された軽便鉄道法にもとづいて、私設軽便鉄道として実現に導く方法である。

軽便鉄道法では、私鉄の敷設にあたって、従来のような仮免許・本免許という二段階の手続きは必要なくなり、一度の免許で着工が可能となった。軌間(レール幅)も、かならずしも官設鉄道の三フィート六インチ(一〇六七㎜)にあわせる必要はなく、たとえば二フィート六インチ(七六二㎜)といった狭軌でも認められることになった。ほかに、曲線・勾配などに関する技術的制限もゆるめられ、停車場・車両などの設備も、簡便なものでも認められるようになった。加えて、翌年三月公布の軽便鉄道補助法によって、建設費に対する益金の割合が規定に達しない場合は、政府から不足額の補助が出ることになった。

つまり、かならずしも鉄道建設事業に多額の国費投入が期待できない日露戦後の困難な財政事情の中で、私鉄の出願と設計に関するハードルを低くして、地元民間資本を結集した私設鉄道の創立を助長しようとする意図が込められていたのである。

そのねらいどおり、この法律が出されて数年間は、たしかに軽便鉄道建設ブームとも呼ばれる私鉄起業熱が起き、各地で新たな鉄道が出現している。ただし、起業資本を結集できるだけの資力が地域に備わっているか否かによって、かなりの地域差が見られる。軽便ブームの全国的傾向を研究した三木理史氏(2)によると、開業件数が多いのは、関東・中部・近畿・瀬戸内・九州北部などであり、逆に東北地方や山陰・四国地方などでは低調であったという。そこで第二節二では、私設軽便鉄道による鉄道網の拡張が顕著に認められる地域の一例として広島県を取り上げ、そこでの具体的な進展状況を見ていきたい。

第三に、鉄道敷設法が定める手順を待つことができず、また私設軽便鉄道会社を立ち上げるだけの資力にも欠ける地域においては、この時期にどのような手段が残されていたであろうか。そこで登場するのが、国有鉄道に軽便線を建設させるという手法である。

軽便鉄道法は、直接的には私鉄会社の助長を意図してはいたが、国鉄が軽便線を建設することを妨げるものではなかった。国鉄による軽便線は、地方における運輸状態が本位鉄道の規格を必要としない場合において、その地方に起業者がなく、またはその路線が国鉄の培養線となる場合に敷設するという方針であった(3)。

国鉄軽便線建設のための経費は、第二七議会で成立した一九一一年度予算において、四年間の継続事業として計三二〇万円が認められたのがはじまりである。同年度には、国鉄では、さっそく五つの路線の建設に着手した。このうち、茨城県下の下館〜真岡《もおか》間（一〇マイル二九チェーン）は年度内に工事を終え、一九一二（明治四五）年四月一日には営業を開始していた（現・真岡鉄道）。軌間は本鉄道と同様の三フィート六インチであり、軽便鉄道法にもとづく鉄道とはいえ、規格上から見てもけっして遜色のないものであった。

本来は局地的な輸送を目的とする軽便鉄道の建設に国費を投下させるわけであるから、その沿線では熱心な誘致運動が起き、それを受けた政治家の活動が存したと考えるのが妥当であろう。そうした典型的な動きを、第二節三では、茨城県の水戸と福島県の郡山とを結ぶ現在の水郡《すいぐん》線の成立経過をたどる中で検証してみたい。

第二節　地方鉄道網の拡張と政治

一　島根県浜田地方の場合

山陰沿岸を縦貫する幹線としての位置づけが与えられた山陰線のうち、米子〜今市間が第一期線に繰り上げられたのは、前述したとおり、一九〇六年三月に公布された鉄道敷設法改正においてであった。そして、建設工事が進んで松江まで開通するのは一九〇八年一一月八日、今市（現・出雲市）まで開通するのは一九一〇年一〇月一〇日のことであった。こうして、島根県東部にようやく鉄道建設の槌音が響くようになると、西部へのさらなる延伸が求められるようになる。

東西に長い県域をもつ島根県において、西部の中心となる那賀《なか》郡浜田町は、旧浜田藩の城下町であり、有数の漁港として知られる。日清戦後の一八九八年には、歩兵第二十一連隊が設置された。日清戦後の起業ブームのもとでは、広島と浜田を結ぶ私鉄計画もあり、陰陽連絡ルートで浜田に鉄道が達する可能性はあったが、立ち消えとなっていた（150頁）。その後は、山陰線の西進に期待を寄せることとなる。もともと鉄道敷設法においては、舞鶴から豊岡・鳥取・松江・浜田を経て山口近傍に達する山陰線は、第二条に盛り込まれていて、第二期線の一つという位置づけは得られていたからである。

ところで、浜田市立図書館には、かつての浜田町役場の行政文書のうち、鉄道敷設請願に関する数点の簿冊が残されている。以下では、この史料をひもときながら、鉄道誘致を求める地方とそこを地盤とする代議士との関わりについての具体相を見ていきたい。

それによれば、この地方で山陰線速成の請願に関する動きが表面化してくるのは、一九〇八（明治四一）年二月頃からである。地元選出の衆議院議員河上英《えい》から、浜田町長・助役に宛てて、請願活動を促す手紙が届いていた。鉄道敷設法による既定計画どおりであれば、今市より西の起工は一九一一年度を待たねばならず、すこぶる緩慢であるから、沿道各村より速成を求める請願書を出すように要請する内容であった。あわせて、広島～江津《ごうつ》間の速成を求める請願が続々と出されている広島県での状況や、自分が衆議院における請願委員でもあるため、できるだけ尽力することなどが述べられていた。

河上は、浜田町会議員や郡会議員・県会議員などを経て、一九〇四年三月の総選挙で初当選しており、政友会に所属していた人物である。ちょうどこの頃は、政友会を与党とする第一次西園寺内閣が政権を担当していたことが好機とみなされたのであろう。

これを受けて町長らは、さっそく同じ那賀郡の各町村長に対し、連携して請願書を提出する方向で協議を持ちかける一方、河上代議士に対して返書を送っていた。そこでは、自分らも速成請願の意思は持っていたが、「政府財政の都合を顧慮し」て差し控えていたこと、しかし今回の「御注意」に従って、近く本郡関係町村長を当町に集め、連署して請願書を提出するので、その際はご配慮を願うという内容が記されていた。

また、西隣の美濃《みの》郡の益田町・吉田村の町村長から浜田町長に対して、統一行動を取りたい旨を伝える文書も送られてきた。彼らもまた、河上代議士から請願書を提出するように促す手紙を受け取っており、那賀郡での反応を打診してきたのであった。

以上のように、もともと関係町村では、政府財政の困難な状況も顧慮して要求は控えていた。実際、この一九〇八年の一月には、予算編成をめぐる紛糾によって大蔵・逓信両大臣が更迭されるという事態に陥っていたことは先に述べた。それにもかかわらず、地元選出代議士が請願活動の活性化を促し、それを受けて沿道町村役場が連携して鉄道実現要求を始めるという実態が見てとれるのである。

これ以後、関係町村では、帝国議会開会期には毎回のように請願活動を続けていく。たとえば一九一〇年一二月に浜田町長 俵《たわら》平吉が提出した請願書を見てみよう。そこではまず、国力増進のための交通機関整備という意図のもとに鉄道国有化が断行されたにもかかわらず、山陰線の建設は今市で止まっている現状が非難されていた。ここには、鉄道国有化の断行と地方への鉄道拡張をワンセットにとらえる論理の、地方社会の側での具体的な受け皿を見ることができるであろう。そして、海産物や林産物に富む県西部の殖産興業が滞ることは、「遺利を放棄」したものであると慨嘆してみせていた。とりわけ浜田町は、連隊所在地であることに加え、浜田港が貿易港に指定されて海陸連絡の集散地としての発展が期待されるという点を強調している。

地元からのこうした動きを受けて、第二七議会には「山陰縦貫鉄道速成に関する建議案」が、一九一一年二月に提出されていた。提出者は、島根県選出代議士の河上英・恒松隆慶と山口県選出の徳田 譲甫《じょうすけ》・小河源一の四名である。所属会派は、小河が藩閥系の中央倶楽部であるのを除けば、他はすべて政友会である。

そして、浜田地方が望み続けた鉄道敷設法の改正は、ようやくこの第二七議会で果たされることになる。この議会は、第二次桂太郎内閣が召集する最後の議会となるのであるが、政府はこの時、鉄道敷設法改正案を提出しており、今市~浜田間など六区間を新たに第一期線に繰り上げる計画を示していた（前著、二七四頁）。先の河上らの建議案は、この法案通過に向けた援護射撃の意味を持っていたことであろう。

ただ、よく知られるとおり、この議会では桂内閣が意図する鉄道広軌改築案が最大の政治的焦点となっていた。これは、今後一三年間に二億三〇〇〇万円もの巨費を投じて東京~下関間の軌間を四フィート八インチ半（一四三五㎜）に改築し、幹線の輸送力アップのための改良事業に重点的に資金を投じようとする政策である。しかし、衆議院で多数を占める政友会は、そのような資金があるのならば、地方への新線建設にもっと振り向けるべきであるとして、広軌改築には強く反対していた。

結局のところ、桂首相は、政友会との妥協によって議会運営を図らざるをえず、広軌改築案は延期という形で実質的に葬り去り、さらには政友会の西園寺公望への政権移譲を認めるに至る。政治史上に有名な「情意投合」である。

以上のような院内の情勢も、河上英は浜田町長に手紙で伝えていた。そして、「桂園両侯握手のため、広軌案は調査の下に延期と相成候半《あいなりそうらわん》。然《しか》れども、我山陰線には利あるも害なき事と存候《ぞんじそうろう》」との見通しを書き記していた。桂内閣の広軌改築案が破棄されたことが、鉄道実現を待ち望む地域にとっては朗報だったわけである。

同じ島根県選出の恒松隆慶は、『第二十七回帝国議会に於ける地方鉄道問題及要件大要報告』と題し、同議会での鉄道問題を中心とした活動報告書を刊行していたが、これも役場文書につづられている。おそらくは、町役場宛てに送られてきたものと思われる。この時期の町村役場は、地元からの要望のとりまとめを行ったり、代議士との連絡の窓口となったりするなど、利益誘導型政治の接点の位置にあったことがうかがえる。

こうして、今市〜浜田間などの第一期線への繰り上げを内容とする鉄道敷設法改正案は、地元の期待どおり衆議院を通過した。さらに、同案が貴族院も通過して成立が決まった三月七日には、河上は「貴族院も山陰線通過、御同慶の至りに御座候」との手紙を浜田町長に書き送り、感慨を伝えていた。

こうして、多年にわたる浜田町の念願に展望が開けてきた。とはいえ、その後も、第一次山本内閣期の鉄道事業繰り延べ策や、第二次大隈内閣期の改良事業重視方針によって、途中の小田（現・出雲市）あたりまで開業した時点で、山陰線の工事が中断されるかと思われる場面もあった。どうにか浜田まで開業したのは、当初の一九一七年度完成という計画からはかなり遅延していたが、一九二一（大正一〇）年九月一日のことであった。

二　広島県における軽便鉄道の普及

次に、一九一〇年公布の軽便鉄道法に刺激され、いくつもの路線が私設軽便鉄道として実現した地域の例として、広島県の場合を具体的に見ていきたい（図7-1参照）。日清戦後の第一次鉄道熱のもとでの私鉄計画は、前章で見たとおり、すべて幻に終ってしまったが、そこで志向されていた路線のいくつかは、この軽便鉄道熱の中で実現を迎えることになる。なお、広島県の鉄道形成過程に関しては、別に論文(4)を発表しているので、詳細な論証については、そちらを参照していただきたい。

図7－1　1922年頃の広島県の鉄道網

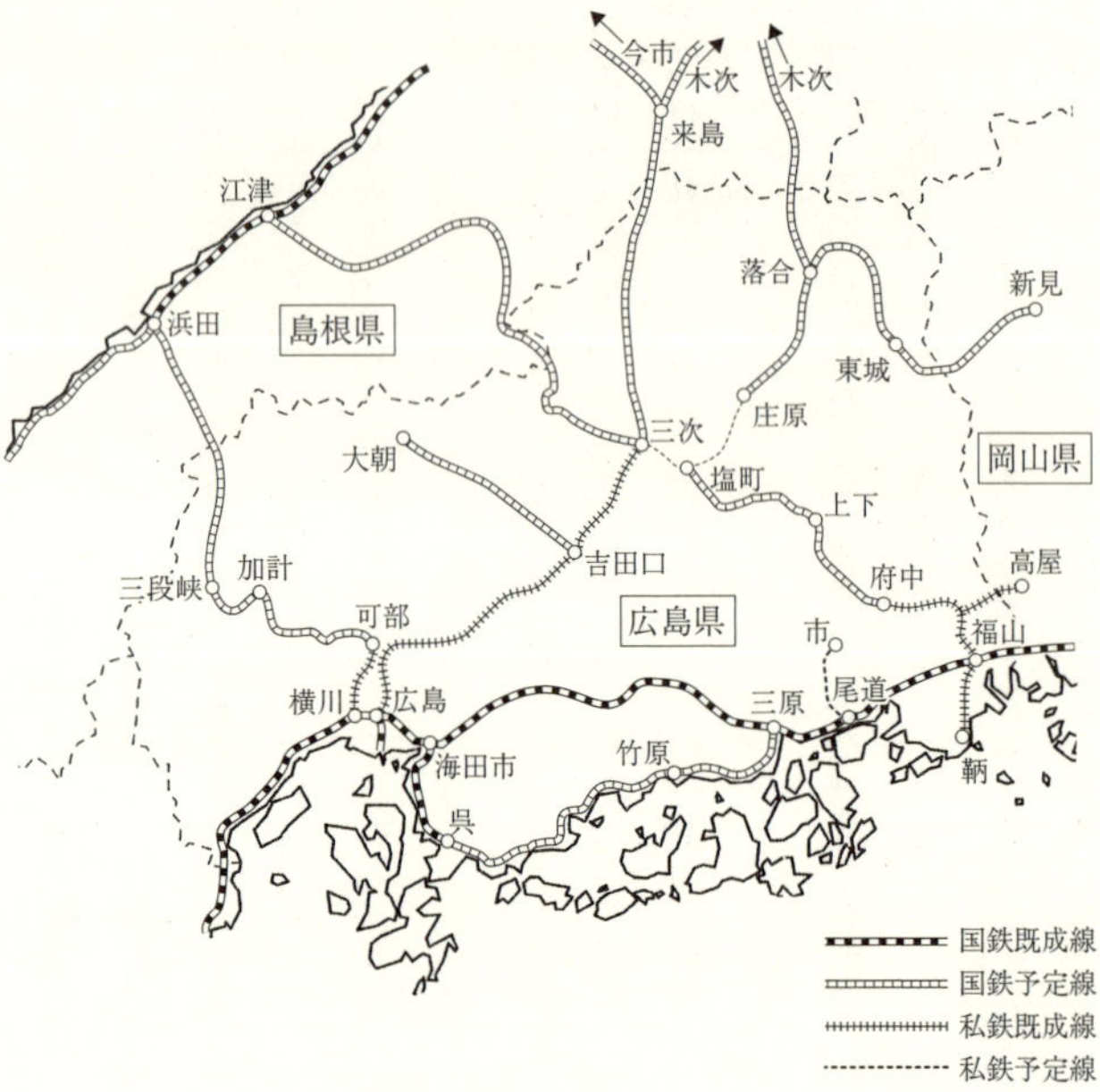

　まずは、山陽鉄道沿線から外れたために衰退の危機に瀕していた港町鞆の場合である。かつての鞆鉄道計画はいったん消滅したが、その後も鞆町の衰退は止まるところを知らない状況であった。こうした中で、軽便鉄道法の公布を契機に、再び鞆～福山間を結ぶことを目的とした鞆軽便鉄道が出願され、一九一〇年九月五日に免許がおりる。筆頭発起人は、かつての鞆鉄道出願時と同じ林半助であった。軌間は二フィート六インチ（七六二㎜）で、かつての鞆鉄道計画の三フィート六インチ（一〇六七㎜）よりも狭軌化された簡便なもので、その分、資本金も三〇万円から二〇万円へと減額されていた。株主には、地元出身の政治家の井上角《かく》五郎や旧福山藩主阿部正《まさ》桓《たけ》のほか、鞆町出身で大阪の森下仁丹社長の森下博など、県外在住の地元関係者も名を連ねていたが、株式の七九％は県内在住者の零細資本をかき集めて創立されていた。

　こうして鞆軽便鉄道は、一九一四（大正三）年四月に予定区間を全通させている。日清戦後期からの鞆町有力者の悲願が、ようやくにして果たされたのである。そして、鉄道開通後には、鞆港の移入量や入港船数の数値が上昇傾向を示し、「停滞していた鞆港の復興がある程度見られた」[5]と評価されるような経済的効果が、たしかに認められるのである。

もっとも、長い目で見ると、この鞆軽便鉄道（一九二六年に鞆鉄道に改称）も自動車輸送に取ってかわられる運命にあった。同社の鉄道部門は、第二次大戦後の一九五四（昭和二九）年二月二八日をもって営業運転を廃止している。現在も福山を中心にバス路線を展開している鞆鉄道株式会社の社名に、わずかに「鉄道」のなごりをとどめているだけである。

写真７－２　両備軽便鉄道奈良津トンネルの試運転風景

出所：長船友則氏蔵。

次に、福山と芦品《あしな》郡府中町を結ぶ路線である。日清戦後期には、この区間を結ぶことを目的とした備後鉄道会社が出願され、創立されたが、結局頓挫してしまっていた。そこで、やはり軽便鉄道法にもとづいて、一九一〇年一一月に新たに出願されてきたのが、両備軽便鉄道である。同社は、福山～府中のほか、途中の神辺《かんなべ》から分岐して岡山県後月《しつき》郡高屋村（現・井原市）をも結ぶ計画であった。資本構成は、沿線にあたる深安郡・芦品郡と岡山県の後月郡・小田郡の在住者だけで八九％を占めていた。

両備軽便鉄道会社は、一九一一年八月に免許を受け、一一月に会社を創立した。そして、一九一四年七月二一日には、福山～府中間の営業を開始している。神辺～高屋間は、やや後の一九二二（大正一一）年四月九日に営業運転を始めている。軌間は、鞆軽便鉄道と同様に、二フィート六インチの狭軌を採用していた。

次に、尾道市の場合である。日清戦後期の尾道〜三次間の鉄道敷設計画が幻に終わった後、再び県北をめざす鉄道計画がここでも登場する。甲奴《こうぬ》郡上下《じょうげ》町との間を結ぶことを目的に、一九一二（明治四五）年五月に出願されてきた尾道軽便鉄道（のち尾道鉄道と改称）である。発起人には、尾道の豪商橋本吉兵衛を筆頭に、沿線にあたる尾道市・御調《みつぎ》郡・世羅《せら》郡・甲奴郡の町村から三一五名が名をつらねていた。うち尾道市在住者は一一三名で、三五・九％を占めていたほか、資本金一二〇万円の五二・五％にあたる六三万円近くを尾道市の発起人で調達する予定にしていた。

結局この鉄道計画は遅々として進まず、ようやく一九二六（大正一五）年五月に西尾道と御調郡市《いち》村の間で営業運転を開始したが、最初に予定していた上下町までの延伸は、ついに実現することなく終った。この尾道鉄道もまた、戦後の一九六四（昭和三九）年八月一日をもって全廃されている。

広島県西部では、まず、現在の可部《かべ》線の前身にあたる横川〜可部間の軌道について見ておく。この路線は、一九〇六年一〇月に雨宮《あめのみや》敬次郎らによって資本金三〇万円で広島軌道株式会社が設立されたのが始まりである。甲州出身の雨宮は、東京市街鉄道のほか、全国にこうした短区間の私鉄会社を数多く創立した鉄道事業家である。

広島北郊の高宮郡可部町（現・広島市）は、広島と浜田・出雲地方を結ぶ街道が集まる宿場町で、広島〜可部間の通行量は比較的多く、そこに目をつけて鉄道敷設を狙ったものであろう。一九一一（明治四四）年六月一四日には、山陽本線横川駅と可部との間を全通させている。当初は軌道条例にもとづいて敷設されたが、のちに軽便鉄道法の適用を受ける鉄道に転換している。

最後に、最も長い区間の鉄道を実現したのは、芸備軽便鉄道である。日清戦後期に広島から三次を経由して松江まで結ぼうとしていた大社両山鉄道の壮大な計画は、やはり幻と化したが、その一部を受け継いで実現してみせたのがこの鉄道会社である。

ところで、日露戦後期には、広島県内でも、広島と山陰地方とを結ぶ鉄道を、国鉄線として実現しようとする政治運動が存していたことは、先に浜田地方の状況を記した際にも少し触れておいた（163頁）。実際、たとえば一九〇八年二月の第二四議会には、広島〜江津間の鉄道実現を求める双三《ふたみ》郡三次町長の長岡純一や高田郡吉田町長の日野洋曹らの請願が広島県選出代議士を紹介議員として提出され、恒松隆慶らの賛成を得て採択されるといった動きが確認できるのである。

ところが、一九一〇年一〇月に、広島〜三次間を私設鉄道として敷設することを目的に、芸備軽便鉄道の設立が出願されてくる。その中心となっていたのは、広島藩士出身の藩閥政治家で、この時期には貴族院議員を務めていた船越衛《まもる》である。翌年にはさらに発起人が追加され、広島市・安佐《あさ》郡・高田郡・双三郡など沿線在住の資産家・地主が網羅されていた。先に国鉄誘致の請願活動をしていた長岡純一や日野洋曹らの名も見える。このように、広島〜三次間の沿線では、軽便鉄道法公布をきっかけにして、国鉄の誘致よりも私設軽便鉄道として実現させようとする気運がにわかに高まってきたのである。

芸備軽便鉄道は、一九一一年三月二日に免許を受け、一九一二年四月三〇日に会社設立の運びとなった。その際、社名を芸備鉄道に変更している。同年六月から測量に着手し、一九一五（大正四）年六月一日には広島〜三次間を開通させた。軽便鉄道法の適用を受ける鉄道とはいえ、軌間は、官設鉄道と同様の三フィート六インチ（一〇六七㎜）を採用していた。その後、一九一七（大正六）年三月には比婆《ひば》郡庄原《しょうばら》町までの延伸を出願しており、一九二三（大正一二）年一一月には完成させた。こうして、現在の芸備線のうち、県内の主要区間である広島〜庄原間は、私設軽便鉄道として開業していたのである。

以上のように、広島県における鉄道網拡張の過程を見てくるならば、軽便鉄道法は、かねてから鉄道実現への意欲を見せていた区間に、地元資本を結集した私設鉄道として成立させるための促進剤として、たしかに作用していたと言うことができるのである。

そして、一九一〇年代前半の私設軽便鉄道建設熱に乗り遅れた地域、あるいは私設鉄道を創立するだけの資本に欠ける地域が、同年代後半になって、官設での軽便鉄道の実現を求めるようになっていく。もう少し、そのあたりまで見届けておくことにしよう。

たとえば、芸備鉄道の終着駅である庄原を起点として中国山地を縦走し、比婆郡東城町を経て岡山県下の新見まで結ぶ区間も、現在は芸備線の一部をなすが、この部分は国鉄軽便線として完成したものである。原敬内閣期の第四三議会において着工が決定した。この議会ではまた、木次《きすき》～落合間（現・木次線）も国鉄軽便線として敷設することになった。同時に、江津《ごうつ》～三次間（現・三江《さんこう》線）の着工も決まったが、この区間はもともと鉄道敷設法の予定線であり、同法にもとづく事業であった。こうして中国山地を縦走する路線と、そこから分岐して山陰地方に抜ける鉄道網が、この時期に姿を現しはじめるのである。

三　水郡線の成立経過

国鉄軽便線の敷設と地方政治をめぐる事例としては、水郡線の成立経過を見ていくことにする。水郡線は、茨城県の水戸から久慈川に沿って北上し、福島県の安積永《あさかなが》盛《もり》で東北本線に合流して郡山までを結ぶ一三七・五㎞もの長大な路線である。

その成立経過については、すでにいくつかの著書がある(6)。また、着工が決まった一九一九（大正八）年には、実現に向けて熱心に活動した代議士根本正《しょう》によって『水郡鉄道成立経過』と題する記録が刊行されている。このほか、沿線町村を組織して活動した運動者の側からも、斎藤勇之介『水郡鉄道建設史』という書物が一九三〇（昭和五）年に出されているなど、比較的多くの記録が残されていて、その経緯を知ることができる。

さて、この区間に鉄道を実現させようとする動きは、明治末期に福島県側から起こされた。その先陣を切ったのが、福島県東白川郡笹原村（現・塙《はなわ》町）に生まれ、同村村会議員や福島県会議員を務める白石禎美という人物である。彼は、日本鉄道会社によっていち早く現在の東北本線と常磐線が開通したものの、その中間に取り残された形になったこの地にも鉄道を実現し、文明の恩沢に浴したいと願っていたという。そこで彼は、北海道を選挙区とする政友会代議士であった叔父の白石義郎に話を持ちかける。ついで、茨城県下にも協力者を求め、同じく政友会代議士であった根本正に依頼する。

こうして、第二七議会開会中の一九一一（明治四四）年三月に白石義郎・根本正ら四名を提出者とし、この区間への鉄道建設を求める建議案が衆議院に提出され、可決されていた。提案説明にあたった根本は、沿線における煙草・こんにゃく・茶などの農産物や材木・紙などの林産物、それに鉱物などの運搬の便宜を図るという用途を力説し、これ以後も、毎議会のように同趣旨の建議案を提出していく。

写真7－3　根本正（1851～1933年）

出所：『水郡鉄道建設史』。

こうして政友会代議士の主導で、一九一一年頃から水郡線の実現運動が開始されたことによって、沿線地域の政治基盤は大きく流動化しはじめる。

まず、福島県側から見ていこう。同県では、自由民権運動以来の英雄である河野広中の人望が厚く、彼が憲政本党―立憲国民党―立憲同志会―憲政会と連なる会派に属することから、県域の南端に位置するこの東白川郡も、非政友会系の地盤となっていた。しかし、一九一二（明治四五）年五月の衆議院議員選挙では、非政友系の「金城湯池であった本郡も、政友会の為めに蹂躙《じゅうりん》された(7)」と記されるような事態が生じていたのである。

白石禎美自身も、後年、次のように回顧している(8)。

「水郡鉄道の実現に奔走して感じたことは、只鉄道建設の一事のみでなく、政友会が積極政策でなかったなら、我国の繁栄は望めない。依ってこれを一般大衆に認識せしめると共に、県南地方は、河野広中氏の金城湯池であり、そこに反対党である政友会を誘致する事は容易でない。この間当郡内に政友会の旗幟《きし》を翻《ひる》がえし、十年に亙り奮闘し、終《つい》に民政党と伯仲の勢力を獲得した意気は、青年時代の昔語りではあるが、私としては決して政治的野心があった訳でなく、一意専心水郡鉄道の実現に邁進した苦難の一幕であった。」

ここにもまた、政友会の積極的な鉄道建設政策を地域において歓迎する、見事なまでの受け皿の例が確認できるであろう。

次に、茨城県の政情に目を移す。ここでもまた、類似した現象が生じていた。

大子《だいご》町を中心とする茨城県北端の久慈《くじ》郡は、やはり一貫して非政友系の大物代議士である大津淳一郎の強固な地盤であった。ここには、地域の旧門閥層が組織する保内倶楽部が大津の支持母体として存していた。しかし、この地域が鉄道実現要求を掲げはじめると、大子実業団なる別組織が結成されてくる。これは、新興の経済的有力者層やこの地方の知識人らからなる団体で、鉄道実現の期待をになって議会活動を展開する根本の支持母体となる組織であった。

そして、一九一二年五月の衆議院議員総選挙では、定員九名の茨城県郡部選挙区において、根本はトップで当選した一方、大津は次点にもなれずに落選した。第一回総選挙以来、一三回の当選を誇る大津の華麗な経歴の中で、落選の憂き目を見たのは、激しい選挙干渉のあった第二回（一八九二年）選挙時と今回の二度だけである。その要因は、従来大津が圧倒してきた久慈郡において、根本が一二七三票を得たのに対し、大津は一一六八票にとどまるなど、選挙地盤が浸食されたことが大きかった(9)。

ところで、実は水戸と久慈郡太田町との間には、すでに水戸鉄道という安田財閥系の私鉄会社が営業していた。にもかかわらず、根本は、この水戸鉄道線とクロスする形で、常磐線勝田駅から分岐して上菅谷・大宮・大子を経て福島県に抜ける国鉄軽便線の敷設を求めていく（図7-2参照）。勝田と湊町（那珂湊）・阿字ケ浦の間には別の私鉄敷設計画があり、これらがすべて実現すれば、勝田を間にはさんで那珂《なか》郡の海岸部から内陸部を縦貫する鉄道が完成し、同郡の交通の便宜は格段に増すことになる。こうした構想には、那珂郡を最大の選挙地盤とする根本の政治的狙いが見え隠れすると言われる(10)。

政友会が与党の地位にあった第一次山本権兵衛内閣期には、こうした各地の国鉄軽便線拡張要求に対して、積極的な姿勢が示される。一九一四（大正三）年一月に、床次《とこなみ》竹二郎鉄道院総裁は、一九一四年度予算における軽便鉄道費の範囲内で新たに一〇区間の実測を行い、一九一五年度からは起工したいという、将来への期待を振りまくような発言を議会において行っていたのである（前

図7-2　水郡線関係図

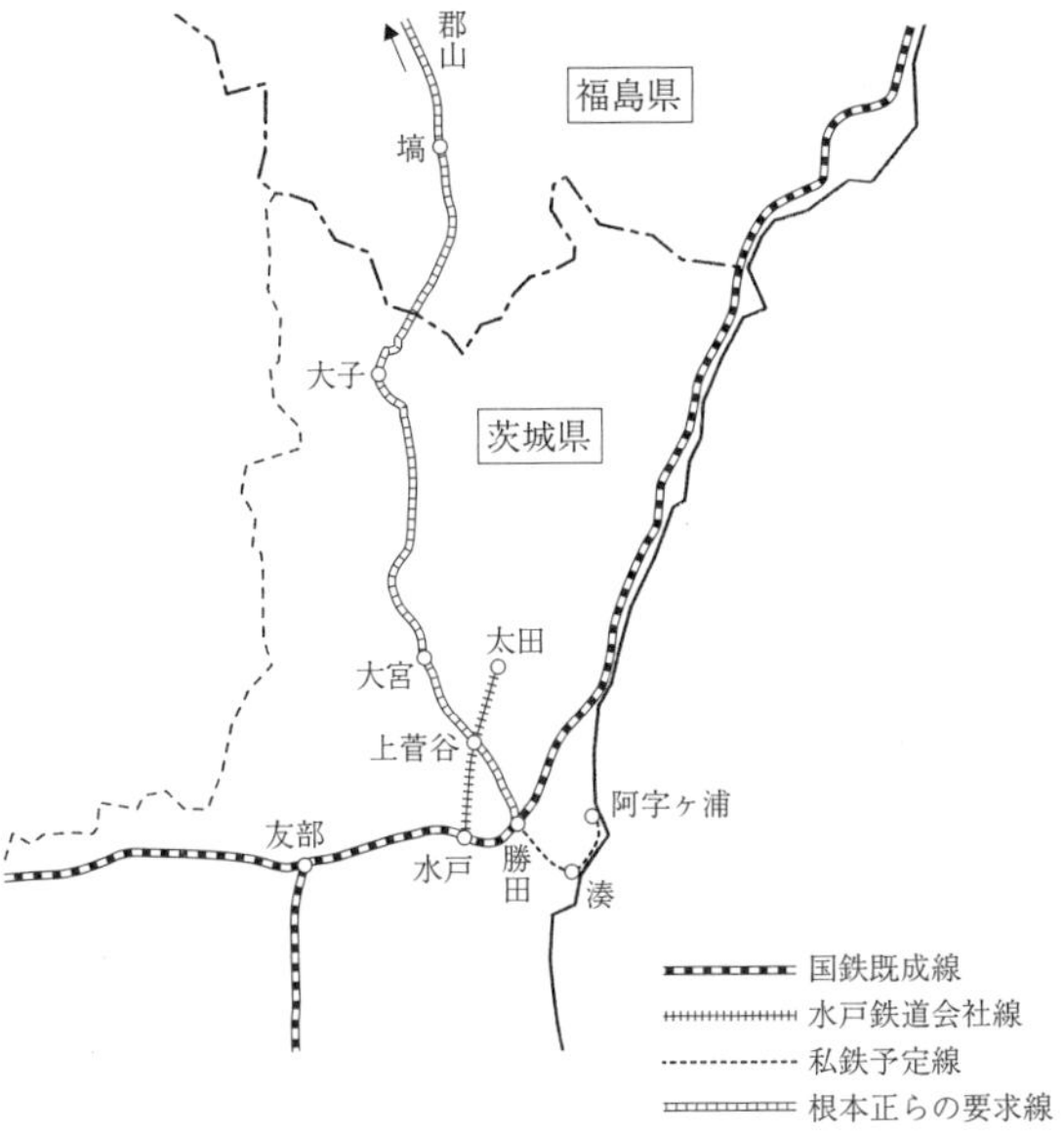

著、三〇三頁）。大曲～盛岡間、野辺地～大湊間、鳥取～智頭間などとならんで、勝田～大宮間もこの一〇区間の中に選ばれていた。

　ところが、山本内閣が退陣し、続いて非政友系の第二次大隈重信内閣が成立すると、がらりと状況が変わってくる。まず大隈内閣では、前内閣が約束していた軽便線一〇区間の測量を中止することを決定した。関係地域の落胆は大きかった。その一方、水戸鉄道会社が新たに上菅谷と大宮との間の敷設を申請してきた。安田系企業が国鉄軽便線の敷設を妨げる策であると見なした根本らは、大隈内閣の姿勢を糾問する質問書を提出していた。しかし、同年三月二七日には水戸鉄道会社に対して申請区間の敷設免許が交付されてしまう。同社では、同年六月から工事を開始し、一九一八（大正七）年一〇月二三日には上菅谷～大宮間の工事を完成させた。

　したがって、以後は、この大宮と郡山との間を結ぶ路線の成否が焦点となっていく。政治的環境は急速に好転していった。大隈内閣退陣ののち、寺内正毅内閣を経て、一九一八（大正七）年九月には、政友会による政党内閣

として原敬内閣が誕生したのである。加えて、第一次大戦期の未曾有の好景気で、政友会の積極的な公共事業実施政策が開花する財政的裏づけも整っていた。こうした中で、ついにこの区間に国鉄軽便線を敷設する予算が計上されることとなったのである。

原内閣成立後に初めて迎えた第四一議会において、同内閣が提出した一九一九年度予算案における全国の鉄道建設事業継続費の総額は、既定額一億九二五四万円余に対してさらに一億四四二七万円を追加するという膨大な内容であった。追加額のうち、軽便鉄道建設費は、三二九四万五〇〇〇円で、二二・八%を占める。この中に、大宮～郡山間の建設費七六九万円も盛り込まれていたのである。一九二〇年度から一九二八年度までの九か年間の継続事業とされていた。

この案が、議会提出に先だって鉄道会議の議案として出されてきたのは、一九一八年一二月二五日である。しかし、その二日前には、根本から「テツデキル　アンシン　ネモト」という電報が沿線関係者に届いていたと言われている（斎藤勇之介前掲書、一七頁）。

沿道の歓呼は頂点に達した。これまで奔走を続けてきた根本らの代議士を招いて、各所で祝賀会が開かれた。一九一九年一月一日付けの水郡鉄道期成同盟会からの根本に対する感謝状は、次のように述べていた（根本正前掲書、一〇七頁）。

「昨臘《ろう》予算に計上せられたる水郡鉄道は、多年我党の主張の処、憲政会派の手に握潰《にぎりつぶ》され、殆んど絶望の状況に有之《これあり》候べしもの、今現内閣によりて復活せられ、着手の決定を見るに至りしは、是偏《これひとえ》に貴下等御高援の賜物と深く感謝仕候。」

大隈内閣下で一時立ち消えの危機に瀕したこの路線が実現したのは、ひとえに政友会の尽力によるものであることが、実に露骨に語られていた。

他方、根本の側も、これが政友会と原敬内閣の尽力の結果であることを前面におしだして宣伝につとめていた。根本が著した前掲『水郡鉄道成立経過』自体が、その媒体であった。この本の巻頭に原敬首相と床次竹二郎内務大臣の写真が掲げられ、末尾は、「政友会の積極的政策に対し深く感謝せざる得ず」という文言で結ばれていることが、この本の性格を雄弁に物語っている。

根本はまた、この路線の実現が、鉄道国有化断行のたまものであるという点に結びつけた演説を、随所で行っていた。たとえば、郡山町における祝賀会の席上では、次のように述べている（根本正前掲書、九七頁）。

「この鉄道の着手を見んとするに臨んで、第一に感謝せざる可《べ》からざるは板垣退助伯也。何となればこの鉄道の敷設を見んとするは鉄道国有の結果たる也。而して鉄道の国有を天下に率先して主張したるは板垣伯也。それが西園寺内閣の時代に於て一大英断を以て之れを実行したる也。」

一八九八年に板垣が国有論を唱えて以降、鉄道国有化が地方への鉄道拡張を担保する施策として政友会などで定着していったことは前述したが、根本もまた、そうした論理をしきりに鼓吹していたわけである。ほかの箇所での「鉄道国有の趣旨たるや、是《これ》は日本の全国に普及する事業である、所謂《いわゆる》国民教育と同じ趣旨でなければならぬのであります」（同書、五〇頁）という発言も、国有化を契機とする国鉄線の全国各地への普及が、義務教育と同様のものであるという論理を表明したものであると言うことができよう。

以上のような経緯をふまえて、原内閣期に着工が決定した水郡線は、一九二一（大正一〇）年六月に大宮から工事に着手され、大子までの区間が開通したのは一九二七（昭和二）年三月一〇日であった。同年一二月一日には水戸鉄道が政府に買収されて国鉄となっている。この間、福島側からも工事が進められ、最後まで残されていた区間も開通して国鉄水郡線が全通したのは、一九三四（昭和九）年一二月四日のことであった。

内閣交代のたびに、実現に向けた動きが翻弄されてきたこの水郡線は、この時期の鉄道と政治とのありかたが凝縮されていた路線と言うことができよう。

第三節　鉄道敷設法の全文改正

一　改正鉄道敷設法の成立

鉄道敷設法にもとづく路線の建設と、国鉄軽便線の建設とが並行して進む中で、一九一〇年代後半に入ると、むしろ後者に対する期待が高まっていく。そうした傾向を象徴するかのように、次のようなことが起きている。

岩手県下の黒沢尻（現・北上）から秋田県下の横手に至る鉄道（現・北上線）は、鉄道敷設法第二条に盛り込まれており、第二期ながらも予定線の一つであった。ところが、第三七議会に提出されてきた鉄道敷設法改正案は、この路線をわざわざ第二条から削除する内容になっていた。その理由は、同法の手順をふんで第七条の第一期線に繰り上げられるのを待つよりも、国鉄軽便線として起工すれば、ただちに着手できるからというものであった。この改正案は成立し、一九一六（大正五）年三月三〇日に公布された。また、一九一八（大正七）年三月二二日公布の鉄道敷設法改正において、熊本～大分間（現・豊肥本線）が第二条から削除されたのも、まったく同じ理由からであった。

この間、鉄道敷設法に盛り込まれた建設予定路線のかなりの部分は竣工するか、もしくは着工のめどが立っていた。第四三議会で成立し、一九二〇（大正九）年八月七日に公布された鉄道敷設法改正によって、五つの路線を第二期から第一期へ昇格させることとなったが、そうなると鉄道敷設法上で第二期に残された区間は二路線だけとなった。他方、その第四三議会に出された鉄道関係議案において顕著だったのは、鉄道敷設法によって着工が決まった右の五路線の延長が二二四マイルにすぎないのに対し、国鉄軽便線として建設することが提案されてきたのが二一路線であり、その延長が七七二マイルもあったという逆転現象である（前著、三五九頁）。鉄道敷設法は、その使命を終えようとしていたわけである。

こうした状況を受けて、原敬内閣では、一九二〇年一二月二五日に召集された第四四議会において、鉄道敷設法の全文改正を企てる。旧来の鉄道敷設法を廃止して新たに制定することになるので、同名ではあるが、全く別の法律と考えた方がよい。法構造や建設線の選定に至る手順も、大きく異なっている。以下では、改正鉄道敷設法と呼ぶことにする。

今回の改正鉄道敷設法は、本文が四か条しかなく、別表に掲げる予定線の中から順次路線を選定し、議会によって建設費の協賛を受け、着工することが述べられているだけである。第一期・第二期といった序列はなく、建設費総額や年限の明示もなくなっている。したがって、別表の中から着工路線を選ぶに際しては、従来のような法改正という手続きを踏む必要はなく、その時点での政府の予算配分いかんにかかっていた。その点では、国鉄軽便線建設の手順を引き継いだものと言うことができる。そして、別表には、一挙に一四九もの路線が掲げられていた。その総延長は六三四九マイル（一万〇一五八㎞）に達する。一二億円と概算される建設費総額に対し、毎年四〇〇〇万円を支出するとして、三〇年間でこれらの路線を完成させるというのが、おおよその見込みであった。

写真7-4　原敬（1856～1921年）

出所：『原敬全伝』。

第四四議会においては、採算が見込めないこれだけの路線を総花的に盛り込んでおくのは、政党の党勢拡張の道具となるだけであるといった反発もあって、貴族院において審議は難航し、ついに不成立に終った。

しかし、原首相が暗殺されたのを受けて、全閣僚留任のまま成立した高橋是清内閣は、続く第四五議会でもまったく同じ法案を提出した。今回は、貴族院での審議時間をたっぷり取ったこともあって、ついに成立に至った。こうして、まったく新しい鉄道敷設法は、一九二二（大正一一）年四月一一日に、法律第三七号として公布されたのである。

二　全国鉄道速成同盟会の活動

以上の両議会での審議経過については、前著『近代日本の鉄道政策』で述べたので割愛するが、本書の問題関心からするならば、同じ期間に、院外での鉄道速成運動を推進するための全国団体が結成されてきたことには、ぜひ注目しておく必要がある。一九二一（大正一〇）年六月一九日に設立された全国鉄道速成同盟会がそれである。一八九二年の鉄道敷設法成立に前後して、鉄道期成同盟会が結成されたのと同様に、今回の全文改正案に付随して、そこに盛り込まれた予定線の建設を推進させることを目的とした院外圧力団体が、またしても登場してきたのである。

ところで、全国鉄道速成同盟会に加盟した沿線町村の役場文書には、鉄道関係の簿冊が残されているケースが多い。これらの文書は、各地域での鉄道実現に向けた運動のあとを物語る歴史史料となることは言うまでもない。加えて、全国鉄道速成同盟会が送ってきた活動報告書などの印刷物がそのままつづられていることが多く、中央の同盟会の活動を知る上でも利用価値が高い。以下、広島県立文書館に寄託された山県郡中野村役場文書中の「鉄道敷設一件」と題する簿冊につづられている会務報告書などをもとに、全国鉄道速成同盟会の動きを追っていくことにしたい。

まず、同会設立の直接の発端は、第四四議会に提出された鉄道敷設法全文改正案が、貴族院で審議未了となってしまったことに求められる。こうした不首尾を受けて、運輸日報社を主宰する宮本源之助という人物が、議会終了後、原内閣の元田肇《はじめ》鉄道大臣を訪れたという。すると元田は、関係地方住民が会期中にとりたてて運動もしなかったことが意外だと語ったので、宮本は、次期議会では、「如何なる犠牲を払っても、地方民と共に、本案の達成に努力致します」と答えていた。鉄道大臣自身が、地方からの運動の助長を促すような発言をしていたわけである。利益誘導型政治の体質が、このようにして政党内閣のもとで形作られていったさまを垣間見ることができるであろう。

まもなく宮本が発起人となり、全国の予定線沿線関係者に呼びかけて、一九二一年六月一九日に東京丸の内の帝国鉄道協会において、全国鉄道速成同盟会の創立大会が開かれることとなった。この日は、九二路線の代表者一七四名が出席していたという。そして、宮本のあいさつに続いて、創立大会が開かれ、全国の未成線の建設速成を期すことと、次期議会での鉄道敷設法改正案の通過に努めることの二点を決議していた。

蛇足であるが、この日あいさつに立っていた数名の各地代表者の中に、長野県松本市長の小里頼永の名を見出すことができる。小里は、かつて中央線比較線選定競争の際に奔走した人物として第3章でも登場したが、今回は、松本～高山間が鉄道敷設法全文改正案の予定線に盛り込まれていたがために、その実現を期しての上京であった。

写真7-5　元田肇（1858～1938年）

出所：『国東余影』。

こうして鉄道速成を求める院外圧力団体が態勢を整えて臨んだ第四五議会では、したがって、前議会とは異なって、系統だった院外活動の展開が見られた。本格的な審議が始まる一九二二年一月初旬には、貴衆両院への陳情書や地方選出代議士への後援依頼状の作成、両院各派幹部への歴訪、新聞社への後援依頼などの手順を定め、同盟会としての活動を本格化させている。

一月下旬に衆議院での審議が始まると、国民党のみならず、前回は賛成した憲政会までもが反対にまわる形勢が明らかとなってきた（前著、三六七頁）。これに危機感をいだいた同盟会では、「敷設法案に憲政会・国民党反対しつゝあり、貴地選出の代議士宛賛成努力方電報あれ」と各地に打電していた。各地方から地元選出代議士へ突き上げることによって、反対派の軟化を促そうとしていたのである。結局のところ、衆議院では、政友会が過半数を占めていることもあって、二月七日には通過をみた。

法案が貴族院にまわされてからは、同盟会では、関係各地に向けて「形勢悪《わ》るし、大挙上京あれ」などと打電する一方、各地方から多数の鉄道敷設請願書を出させて、もって「貴族院の側面包囲の策を講じ」ることとしていた。また、運動者を四班にわけて、貴族院議員中の反対派とみなされる者を中心に、連日のごとく歴訪するといった活動を展開していた。一か月半にもおよぶ審議経過の中で、同盟会では一喜一憂をくり返すが、ついに会期切れ三日前の三月二二日には貴族院も通過し、ここに改正鉄道敷設法が成立するに至った。同盟会では、「本会地方有志の堅固不抜なる大活動と、国民輿論の威力が、此の効果を収めしめたるものなりと云ふも過言にあらざるべし」と総括し、その成果を誇示していた。

こうして改正法成立という当面の目標を達成した同盟会では、引き続き同法にもとづく建設事業の推進を促すために組織を維持し、活動を継続していく。

第四六議会に提出されてきた一九二三年度予算案においては、同法による建設事業の初年度として、予定線のうち二八路線を選び、一一年間で完成させる計画が盛り込まれていた。この時も同盟会では、選ばれた二八路線の関係者による連盟会を別に結成し、予算の成立に向けた院外活動を熱心に展開していた。

もっとも、その後は、関東大震災による混乱や、改良事業を重視する憲政会が政権の座につくなどして、かならずしも同会が求める建設事業の順調な進展が見られたわけではない。一九二〇年代を通じて、全国鉄道速成同盟会による院外活動は、毎議会のように続けられていくのである。

三　改正鉄道敷設法と広島県

ところで、改正鉄道敷設法に掲げられた一四九もの予定線の中には、結局着工に至らなかったものや、現在では廃線になったものが多数あり、当時から危惧されていたとおり、大部分は赤字ローカル線と化して国鉄の経営を圧迫していくことになる。

もっとも、すべての路線がそうであるわけではない。たとえば、鳥取県の智頭《ちず》から岡山県北東端をかすめ、兵庫県西端の上郡駅で山陽本線に接続する路線も同法の予定線の一つであった。その速成運動も、第二次大戦中から戦後にかけてしきりに行われる(11)が、ついに実現を見ないまま国鉄分割民営化を迎えてしまった。その後、沿線自治体などが出資する第三セクター方式によって智頭急行株式会社が設立され、一九九四（平成六）年一二月に、智頭～上郡間五六・一kmを開業する。この路線は、鳥取県と京阪神とを結びつけるバイパス線としてJRの特急が通過するようになり、その収益でもって、全国に数多い第三セクター鉄道会社としては例外的に黒字をあげていることで知られている。

とはいえ、これなどは珍しいケースであろう。改正鉄道敷設法に盛り込まれた路線がどのような性格のものであったかを全国的に検証していく作業は、範囲が広汎にまたがっていることから、たいへん困難である。なにしろ、佐渡島や淡路島にも鉄道が敷設されることになっていたのである。加えて、本書に残された紙数も、もはや尽きかけている。そこで、これまで各期の鉄道網の形成過程を、広島県を例にたどってきた関係から、以下では、同県における予定線沿線の動向を見ていくことで、一つの具体例を示すにとどめたい。

今回の建設予定線のうち、広島県にかかわる路線は、①三原～竹原～呉間、②福山～府中～三次～来島～出雲今市・木次間、③広島～加計～浜田間、④吉田口～大朝間の四線である（前掲図7－1参照）。

まず、賀茂郡竹原町（現・竹原市）を中心とした①三原～呉間においては、日清戦後から鉄道実現を求める動きがある。日露戦後においても、たとえば一九一〇（明治四三）年に沿岸鉄道期成同盟会を結成して官設鉄道の誘致を求める運動を展開したり、軽便ブームに乗って私鉄での実現をめざすなどの前史があるが、いずれも挫折していた。そういう地域には、第四四議会における鉄道敷設法全文改正案の提出は、干天の慈雨とも言えるものであった。同路線の完成後に、その誘致運動を総括した記念誌(12)には、次のように描かれている。

「此の計画の一度《ひとた》び世上に齎《もた》らされるや、全国各地よりの要望実に八百余線に及び、運動漸く熾烈を加へて来たのである。此の鉄道計画によつて一番刺戟されたのは、四十三年の広軌問題以来、待機十年の好機をねらつてゐた竹原町で、時来れとばかり最もこれに期待をかけた。」

したがって、三原〜呉間の町村で結成された期成同盟会では、まずは第四四議会における改正鉄道敷設法の成立を求めて、陳情活動を開始する。そして、第四五議会でそれが達成された後は、今度は、一四九もの路線の中から同区間が第一に着手されることを求めて、広島県選出代議士望月圭介や井上角五郎らを通して、運動を続けるのであった。その模様は、上京委員からもたらされた次のような手紙からも、ありありと見て取れる。

「我沿岸線の原案（十二年度より着手）中にあるは疑ふの余地なきも、他線運動猛烈、殊に嘗《かつ》て新聞紙上に最も有力なる線として殆《ほとんど》既定の如く記載せられたる線にして落選のもの数々有之《これあり》、これ等は関係代議士を引連れ多数上京、必死の運動を致居候次第にて、安閑となし居る訳には不参《まいらず》、此際最後のスピードを出すべく所期し居り候。」

他線沿線からも同様の運動が行われ、代議士をおしたてた激烈な予算獲得合戦が繰り広げられていたようすが語られている。こうした競争を勝ち抜いて、三原〜呉間は、一九二三（大正一二）年度にまず着手される一二路線の一つに選ばれることになり、その予算も成立した。総工費は一三二四万円で、一〇か年の継続事業とされていた。もっとも、予定区間が全通したのは、当初の計画よりは三年ほど遅れ、一九三五（昭和一〇）年一一月二四日のことであった。

次に、②の区間のうち、福山〜府中〜三次間については、政友会の田中義一内閣（鉄道大臣は小川平吉）の際に着工線に採択されて、一九二八（昭和三）年度より一〇年間で建設する予算が成立した。すでに福山〜府中間には私設両備鉄道が走っていたため、国鉄による建設工事は府中〜塩町間で行われ、一九三八（昭和一三）年七月二八日に全通した。両備鉄道は、それより前の一九三三年九月に政府に買収されていた。ただし、両備鉄道の軌間は二フィート六インチ（七六二㎜）の狭軌であったため、この区間を三フィート六インチ（一〇六七㎜）に改築する工事が付随して行われ、ここに現在の福塩線が完成したのである。なお、三次からさらに北上して、島根県の今市（現・出雲市）や木次と結ぼうとする区間については、結局着工されることはなかった。

続いて、③広島〜加計〜浜田を結ぶ路線に目を移そう。日清戦後の鉄道熱の中で、この区間にも私鉄計画が持ち上がっていたが、結局認可されなかった（149頁）。山県郡加計町（現・安芸太田町）における鉄道実現運動の来歴を記録した書物は、右の事実を記したのち、二〇年近くは空白のままとなっている。久しぶりに現れるのは、第四四議会に原内閣が提出予定の鉄道敷設法改正案に、この区間が盛り込まれていることを知って、「以て関係各市町村は之れが速成運動を開始する事となれり」という記述である。地元からの熱心な請願活動によってこの区間が予定線に盛り込まれたわけではなく、法案に含まれているのを知って、あわてて沿線町村では運動を開始していたのである。改正鉄道敷設法の予定路線が、中央の政治主導で大量に盛り込まれていったことを物語っているように思われる。[13]

この広島〜浜田間の予定区間のうち、横川〜可部間はすでに私鉄会社が営業していた（168頁）ので、一九三六（昭和一一）年にそれを買収したのち、可部から先の国鉄線の建設が課題となる。しかし、昭和戦前期には可部〜安芸飯室間（一一・一km）が開通したにとどまり、加計町まで達するのは戦後の一九五四（昭和二九）年を待たねばならなかった。その後、一九六八（昭和四三）年に可部〜加計間が赤字路線として廃止勧告を受けたにもかかわらず、その翌年七月二七日には三段峡まで延伸している。しかし、工事はここでストップし、浜田までの連絡という目的はついに果たせなかった。それどころか、二〇〇三（平成一五）年一二月一日には、可部〜三段峡間（四六・二km）は廃止されてしまい、可部線は結局のところ、横川〜可部間に縮小されてしまった。改正鉄道敷設法によって延長された区間が、そっくりそのまま廃線となったわけである。

最後に、④吉田口〜大朝間に関して見ておこう。この路線の沿線にあたる山県郡千代田町（現・北広島町）あたりでも、予定線に盛り込まれたことによって鉄道実現への期待がなかったわけではない。[14]しかしこの路線は、ついに一度も着手線として採択されることなく終った。むしろ現在では、千代田には中国自動車道と浜田自動車道のジャンクションが立地し、道路輸送網の拠点として発展をめざしているように見受けられる。

以上のように、広島県に限定して考えた場合、呉線や福塩線のように、現在も地域における交通機関として存続しているものもある。しかし、可部～三段峡間や吉田口～大朝間などの経緯を見るならば、改正鉄道敷設法に網羅された予定線が、はたしてどれだけの将来的な需要を見込んで盛り込まれたものだったのか、はなはだ疑問に思えてくる。

【参考文献】

(1)『日本国有鉄道百年史』第五巻、一五頁。
(2) 三木理史『近代日本の地域交通体系』(大明堂、一九九九年)第二章。
(3)『日本鉄道史』下篇、七四頁。
(4) 拙稿「地方鉄道の形成過程」(山本四郎編『近代日本の政党と官僚』東京創元社、一九九一年)。
(5) 中西聡「近代輸送体系の形成と港湾の性格変化」(北海道大学『経済学研究』四八‐三、一九九九年)。
(6) 石井良一『水郡線の歴史』(筑波書林、一九八〇年)、中川浩一『茨城県鉄道発達史』上巻(筑波書林、一九八〇年)。
(7) 金沢春友『水郡鉄道完成記念』(一九三四年)一〇六頁。
(8) 金沢春友編『白石禎美翁遺稿』(一九六六年)二〇～二一頁。
(9) 相沢一正「水郡鉄道敷設問題と大子実業団」(『大子町史研究』七、一九七九年)。
(10)『勝田市史』近代・現代編Ⅰ(一九七九年)六一五頁。
(11)『智頭町誌』上巻(二〇〇〇年)四四九頁、六〇四頁。
(12) 三呉線全通式祝賀協賛会『拓け行く三呉線』(一九三五年)二五頁、六五頁。
(13) 広浜鉄道速成加計同盟会『広浜鉄道速成運動概要報告書』(一九四六年)一頁。
(14)『千代田町史』通史編(下)(二〇〇四年)一九八頁。

コラム⑦　鉄道国有法案可決のとき

第二二議会における鉄道国有法案の成立は、貴族院での修正案作成に時間がかかったことなどから、会期最終日の夜にまでもつれこんだ。一九〇六年三月二七日のことである。

この日の衆議院での審議の模様は、第一次西園寺内閣成立とともに逓信次官に就任し、法案成立に向けて尽力してきた仲小路廉《なかしょうじれん》が、のちになまなましく回顧している（『仲小路廉集』第一巻、五七頁）。

　政友会の控室では、夕食後のことゆえ、ウイスキーやブランデーの勢いを得て、代議士らが口角泡を飛ばして談論していた。長谷場純孝は大音声で、もはや一刻の猶予もないため、貴族院修正どおり成立させたいと述べ、ひとりの異議者もなく方針が確定していた。

　けたたましく呼び鈴が鳴り渡り、賛成・反対の両派が続々と議場に入る。外は風雨が激しく、議場の電灯が明滅して、いやがうえにも緊張感が増す。

　議長として議事の進行にあたるのは、杉田定一である。討論が始まるなり、賛成と叫び、即刻採決を求める者と、討論の続行を要求する者とが入り乱れ、たいへんな騒ぎとなる。議席を蹴って議長席に迫る者あれば、巨軀で知られた野田卯太郎は壇上に駆け登り、代議士よりも喧嘩を本職と心得たかと思われる者たちが、あちこちで格闘を演じる。まさしく、「議政壇上は一変して全く修羅《しゅら》の巷《ちまた》と化し」たのである。「空前絶後」という言葉がある。この日の光景は、「絶後」ではないかもしれないが、議政史上たしかに「空前」の醜状を呈したのである。

　しかし衆寡敵せず、反対派がいっせいに退場してしまったのを受けて、出席議員全員の賛成でもって、鉄道国有法案は可決された。

　「予が此の時の胸中は、忘れんとして終生忘るゝ事の出来ないことの一つである」。仲小路廉は、最後にこう感懐を記していた。

　仲小路は、こののちも五年半にわたって逓信次官を務め、私鉄会社買収の実行をはじめとする日露戦後の鉄道行政をになうことになる人物である。

おわりに

本書は、帝国議会開設から大正期における地方鉄道網拡張の過程を、もっぱら地方社会からの誘致運動と、それを受けた政治家の奔走とに視点をすえて描いてきた。とはいえ、近代日本における鉄道の建設事業は、地方からの実現要求のみを唯一の要素として決定され、進められていくわけではない。

開国によって容赦なく世界市場に放り込まれた後発資本主義国の日本にとって、一九世紀末頃の世界的帝国主義競争に乗り出していくためには、殖産興業をおし進めて国力を増強するための経済的基盤として、交通インフラの構築を急ぐことは、国家的課題とも言えるものであった。経済統合のみならず、政治的・文化的統合をもおし進めて、国民国家としての内実を整える意味でも、鉄道網は不可欠の国家的装置であった。軍部もまた、鉄道による兵員や物資の輸送を一つの基軸とした国防構想を構築しつつあった。

明治中期には、まずは全国を貫く幹線網を構築することが課題であった。その沿線の住民にとって鉄道開通は福音であることは言うまでもないだけに、この時期においては、国家的要請と地方からの要請とは、ごく一部の例外を除いては、重なり合うのであった。例外とは、海岸沿いの敷設を忌避する軍部が、全く人家のない山間部への敷設を強制しようとしたケースをあげることができる。しかし、地方の経済的利益と合致しないそうした要請は、たいてい実現しなかった。それだけに、どの路線が国家的要請にもとづくもので、どの路線が単に地方住民の便宜のためだけに敷設されたものであるか、といった線引きをすることは、あまり現実的意味を持たない。

とはいうものの、一八九二年の鉄道敷設法で示された鉄道の拡張という方向性が、歯止めがかけられないままにどんどん増幅していき、かなり過剰な路線まで敷設してしまって、国家（国鉄）への負担を増大させたのではないかという疑念は、現時点から振り返ってみると、ぬぐい去りがたいものとして立ち現れてくる。その過程において、選挙区の利益を政治過程に投じることで、自らの地盤を構築しようとする政治家の活動が大きく作用したことも、疑いのない事実であるように思える。

これらの問題点をすべて摘出し、その要因を歴史的に解き明かすには、政党政治が全盛を迎えた昭和初期から戦中期、さらには戦後の状況にまで検討を進める必要がある。そうした意味では、本書は、今後のさらなる研究のための出発点を提供したという位置づけにとどまるのかもしれない。ともあれ、以下では、もう少し、本書の叙述から導き出される論点を整理しておくことにしたい。

まずは、一八九二年に公布された鉄道敷設法そのものに、いくつかの問題点が内包されていた。同法は、将来の建設予定線もすべて列挙しておき、そこから優先度の高いものを第一期線として着工するという構造を取っていたため、多くの地域に鉄道実現への期待感を振りまいてしまった。加えて、第一期線においても複数の比較線が併記されており、その採択を求める運動もエスカレートさせた。こうした第一期線への昇格や比較線の確定といった、地域にとっては死活に関わる重大な決定をくだす権限を与えられたのが帝国議会であった。いきおい、地元選出代議士を通して鉄道実現要求を中央政界に投じることを求める運動が、あちこちから生起してくるのである。利益誘導型政治の始まりであった。

官設鉄道拡張への過剰な期待を一時的に緩和したのが、日清戦争前後の時期の私鉄熱である。このブームの中で、鉄道敷設法の第二期にすえ置かれたり比較線選定に敗れたりして不満をつのらせていた地域では、私鉄事業に活路を見出して運動を継続し、そのいくつかは実現に至った。地域社会にまでおり立って、鉄道実現に向けた地方住民の熱度を測定するならば、この時期の私鉄熱を、単に「泡沫的」という一言でかたづけることはできないように思われる。民間活力を動員し、官と私があいまって、近代日本が求める社会資本としての鉄道網の拡張を実現しようとする国民的運動が見られた時期と評することもできよう。その後、日清戦後恐慌の到来で私鉄熱が冷却すると、再び官設鉄道の拡張を求める政治運動が高まることになる。

日露戦後の鉄道国有法成立には、さまざまな要因がからまりあっていたが、その一つとして、官設鉄道の建設を求め続けてきた地方が、その速成を担保する施策として国有化に期待したという点をあげることができる。そして、そうした思惑を巻き込んで国有化が断行され、国鉄が成立したことは、以後の国鉄のあり方をも規定していくことになる。地方社会の側からも、国有化の断行を契機に自地域への鉄道実現を国鉄に求める論理が表明されているケースを、本書においていくつか見た。

とはいえ、明治末期から大正初期には、いま一度、私鉄熱が訪れた。一九一〇年公布の軽便鉄道法は、民間活力の導入による私設軽便鉄道の建設を促すねらいを持っていたからである。ただし、これは一時的なブームに終り、地域的にも限界があった。

大正中期の原敬内閣の頃には、鉄道敷設法はほぼその使命を終えつつあり、むしろ国鉄軽便線の建設の比重が高まりつつあった。こうした情勢を受けて、鉄道敷設法の全文改正が図られることとなる。改正鉄道敷設法においても、予定線をすべて列挙しておく方式が取られたが、その多くは採算が見込めないローカル線であった。にもかかわらず、着工線の決定は、時の政府の予算配分次第であるだけに、予定線沿線からの誘致運動を受けた政治家による利益誘導型政治の開花にとっては、恰好の土壌を形成することになるのである。

以上のような論旨を展開するにあたって、本書は、地方社会の動向や地方政治家の行動を具体的に盛り込んで描き出すことに徹してきた。大正期までという限られた期間に関する歴史的分析ではあっても、そこから、現代につながる問題点をいくつか抽出することができるように思われる。

まず、あらかじめ建設予定線を列挙しておき、優先順位を定めた上で予算を配分し、着工していく鉄道敷設法の形式は、整備新幹線建設の根拠法として一九七〇（昭和四五）年に制定された全国新幹線鉄道整備法に受け継がれているものである。そして、着工順位の格上げを求めて、毎議会のように各地から請願者らが上京し、地元選出代議士が奔走するという政治的光景も、現在にまで忠実に引き継がれてしまっていると言わざるをえない。

もとより、明治期のように社会資本整備が遅れている時期には、こうした動きは、単なる地方利益要求ではなく、国家に必要不可欠な事業への財政出動を誘引するための国民的運動であったと、肯定的にとらえることもできよう。しかし、社会資本が飽和状態に達しつつあるように思われる現在においても、そうした政治的光景がくり返され、衰えそうな気配がないのは、なんとも理解しがたいことである。時あたかも、本書の脱稿と前後して、二〇〇五年度から新幹線の新青森～新函館間や富山～金沢間などを新規着工することで、政府と与党とが合意したというニュースに接しただけに、なおさらそうした思いを深くする。

ところで、日露戦後期における鉄道国有化断行の一つの要因として、収益率の高い幹線私鉄を国が買収し、その収益で地方の不採算路線を建設していくというメリットが説かれ、地方社会の側でもそうした論理を受け入れて歓迎していたことは前述した。

実は、同じことが、これまでの高速道路建設の方式にも取り入れられ、問題として指摘されてきた。東名・名神など単体では黒字となる路線の収益をプールし、採算性が乏しいことが明らかな地方の高速道路建設のために支出するという「料金プール制」が長らく取られてきたのである。これに対しては、旧国鉄の二の舞になるという懸念がしばしば指摘されてきたが、鉄道国有化と地方鉄道の建設過程を追ってきた本書の射程からは、そうした懸念には妥当性があるように思われてならない。

国鉄が分割民営化された現在の地点から振り返ってみるならば、鉄道国有法が成立したのちの八〇年間にわたる国鉄の歩みは、壮大な回り道だったと言えるのかもしれない。しかし、膨大な累積債務や赤字ローカル線の問題が残されたことを考えるならば、単なる回り道として回顧するだけでは済まされないであろう。明治期の鉄道敷設法と鉄道国有法によって方向づけられた日本の鉄道建設のありかたは、一時的な私鉄熱による民間活力の導入という手法が併用された時期もあったが、長い目で見るならば、不採算路線までも政治主導で建設していく悪しき利益誘導型政治の出発点なのであった。

【サ行】

【タ行】

【ヤ行】

【ワ行】

事項索引

【ア行】

【カ行】

【ハ行】

【マ行】

【タ行】

【ナ行】

【カ行】

【サ行】

索　引

人名索引

【ア行】

【著者紹介】

松下孝昭（まつした・たかあき）

1958年大阪府生まれ。1987年，京都大学大学院文学研究科博士課程単位取得退学。現在，神戸女子大学文学部助教授。著書・論文に「地方鉄道の形成過程」（山本四郎編『近代日本の政党と官僚』東京創元社，1991年），「鉄道経路選定問題と陸軍」（『日本史研究』第442号，1999年），『近代日本の鉄道政策―― 1890～1922年』（日本経済評論社，2004年）等。

〈近代日本の社会と交通　第10巻〉

鉄道建設と地方政治

2005年 4 月18日　　第 1 刷発行　　定価（本体2500円＋税）

著　者　松　下　孝　昭
発行者　栗　原　哲　也

発行所　株式会社日本経済評論社
〒101-0051　東京都千代田区神田神保町 3-2
電話 03-3230-1661　FAX 03-3265-2993
nikkeihy@js7. so-net. ne. jp
URL：http://www.nikkeihyo.co.jp
印刷＊文昇堂・製本＊根本製本
装幀＊渡辺美知子

乱丁本落丁本はお取替えいたします.

Printed in Japan　ISBN4-8188-1753-8

老川慶喜・小風秀雅 監修

近代日本の社会と交通 全15巻

＊第１巻	横浜開港と交通の近代化	西川　武臣（横浜開港資料館）
第２巻	交通政策の展開	小風　秀雅（お茶の水女子大学）
第３巻	明治の経済発展と鉄道	老川　慶喜（立教大学）
第４巻	第一次大戦後の社会と鉄道	渡邉　恵一（鹿児島大学）
第５章	通信と地域社会	藤井　信幸（東洋大学）
第６巻	鉄道経営者の群像	西藤　二郎（京都学園大学）
第７巻	鉄道会社と証券市場	片岡　豊　（白鴎大学）
第８巻	鉄道と石炭鉱業	宮下　弘美（釧路公立大学）
第９巻	植民地の鉄道	高　　成鳳（立教大学・非）
＊第10巻	鉄道建設と地方政治	松下　孝昭（神戸女子大学）
第11巻	近代都市の発展と水運	岡島　建　（国士舘大学）
＊第12巻	鉄道車輛工業と自動車工業	坂上　茂樹（大阪市立大学）
第13巻	交通と観光	本宮　一男（横浜市立大学）
第14巻	文学と交通	小関　和弘（和光大学）
第15巻	近代日本の社会と交通	老川慶喜・小風秀雅編

〈＊印既刊〉